능력
★★★ SEASON 5 ★★★
향상

(주)지아이에듀테크 오상열 저

쉽게 배우고

생활에 바로 쓰는

스마트폰

SNS

iCox
Education by Sympathy

쉽게 배우고 생활에 바로 쓰는
스마트폰 SNS

초판 1쇄 인쇄 2024년 10월 21일
초판 1쇄 발행 2024년 10월 31일

지은이 (주)지아이에듀테크 오상열
펴낸이 한준희
펴낸곳 (주)아이콕스

디자인 프롬디자인
영업 김남권, 조용훈, 문성빈
경영지원 김효선, 이정민

Education by Sympathy

주소 경기도 부천시 조마루로 385번길 122 삼보테크노타워 2002호
홈페이지 www.icoxpublish.com
쇼핑몰 www.baek2.kr (백두도서쇼핑몰)
이메일 icoxpub@naver.com
전화 032-674-5685
팩스 032-676-5685
등록 2015년 7월 9일 제 386-251002015000034호
ISBN 979-11-6426-257-1 (13000)

저자의 말

36년째 컴퓨터와 스마트폰 강의를 하면서 늘 고민합니다. "더 간단하고 쉽게 교육할 수는 없을까? 더 빠르게 마음대로 사용하게 할 수는 없을까?" 스마트폰에 대한 지식이 없으며 한글도 영어도 모르는 서너 살 아이가 컴퓨터와 스마트폰을 사용하는 것을 보고 어른들은 감탄합니다.

무엇을 배울 때 노트에 연필로 적어가며 공부하던 아날로그적 방식으로 첨단 기기를 배우는 것보다, 어린 아이들처럼 직접 사용해 보면서 경험적으로 습득하는 것이 가장 빠른 배움의 방식입니다. 본 도서는 저의 다년간 현장 교육의 경험을 살려 꼭 필요한 방식으로 쉽게 접근할 수 있도록 했으며, 책만 보고 무작정 따라하다 발생할 수 있는 실수와 오류를 바로잡았습니다. 컴퓨터를 활용하는 데 꼭 필요한 핵심 내용을 중심으로 집필했기 때문에 예제를 반복해서 학습하나 보면 어느새 원리를 이해하고 활용할 수 있는 단계에 오르게 될 것입니다.

쉽게 배우고 생활에 바로 쓸 수 있게 집필된 본 도서로 여러분들의 능력이 향상되기를 바랍니다. 물론 본 도서는 여러분의 컴퓨터 능력을 향상시킬 수 있는 수많은 방법 중 한 가지라는 말씀도 드리고 싶습니다.

교육 현장에서 늘 하는 말이 있습니다.
"컴퓨터는 종이다. 종이는 기록하기 위함이다."
"단순하게, 무식하게, 지겹도록, 반복하세요. 단.무.지.반! 하십시오."
처음부터 완벽하지는 않겠지만 차근차근 익히다 보면 어느새 만족할 만한 수준의 사용자로 우뚝 서게 될 것입니다.

끝으로 이 책이 나올 수 있도록 도움을 주신 지아이에듀테크, ㈜아이콕스의임직원 여러분들께 감사의 마음을 전합니다.

㈜지아이에듀테크 오상열

QR 코드 사용법

★ 각 CHAPTER 마다 동영상으로 더 쉽게 학습할 수 있도록 QR 코드를 담았습니다. QR 코드로 학습 동영상을 시청하는 방법은 다음과 같습니다.

01 Play스토어에서 네이버 앱을 ❶설치한 후 ❷열기를 누릅니다.

 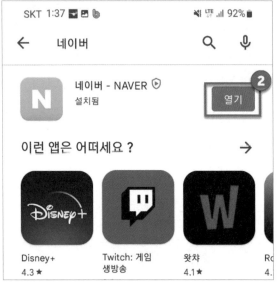

02 네이버 앱이 실행되면 검색상자의 ❸동그라미(그린닷) 버튼을 누른 후 ❹QR바코드 메뉴를 선택합니다.

03

본 도서에서는 **Chapter**별로 상단 제목 왼쪽에 **❺QR 코드**가 있습니다. 스마트폰의 화면에 QR 코드를 사각형 영역에 맞춰 보이도록 하면 QR 코드가 인식되고, 상단에 동영상 강의 링크 주소가 나타납니다. **❻동영상 강의 링크 주소**를 눌러 스마트폰으로 학습할 수 있습니다.

※ 유튜브에서 동영상 강의 찾기

유튜브(www.youtube.com)에 접속하거나, **유튜브 앱**을 사용하고 있다면 **지아이에듀테크**를 검색하여 동영상 강의를 들을 수 있습니다. **재생목록** 탭을 누르면 과목별로 강의를 찾아볼 수 있습니다.

목 차

CHAPTER 01

카카오톡 시작하기

STEP 1	카카오톡 설치하기	010
STEP 2	카카오톡 가입하기	013
STEP 3	카카오톡 화면구성 살펴보기	017
STEP 4	카카오톡 친구찾기	018
STEP 5	QR코드로 친구 추가하기	020
STEP 6	언락처로 친구 추가하기	022

CHAPTER 02

친구와 채팅하기

STEP 1	글자를 입력해 대화하기	025
STEP 2	말로 글자 입력하기	027
STEP 3	음성으로 녹음해서 보내기	031
STEP 4	사진 보내기	034
STEP 5	갤러리의 사진 공유하기	039

CHAPTER 03

친구 관리하기

STEP 1	친구 차단, 차단 해제하기	043
STEP 2	친구 숨김, 숨김 해제하기	048
STEP 3	친구목록 편집기능 이용하기	052
STEP 4	카카오톡 친구 가짜 파악하기	054
STEP 5	친구이름 변경과 즐겨찾기	055

CHAPTER 04

일반, 그룹, 팀, 비밀채팅

STEP 1 채팅에서 일반채팅 만들기   059
STEP 2 그룹채팅 만들기   063
STEP 3 팀채팅 만들기   066
STEP 4 비밀채팅 만들기   071
STEP 5 채팅방 이름 변경, 상단 고정   075
STEP 6 채팅방 홈화면 추가, 조용한 채팅방   077

CHAPTER 05

사진/위치 공유하기

STEP 1 사진 편집해서 보내기   081
STEP 2 사진 저화질, 일반, 원본 전송하기   088
STEP 3 내 위치 및 약속장소 보내기   094
STEP 4 친구 위치 공유하기   097

CHAPTER 06

추가기능 알아보기

STEP 1 채팅 내용 삭제하기   101
STEP 2 통화하기(보이스톡, 페이스톡)   105
STEP 3 일정 등록하기   108
STEP 4 선물하기   112
STEP 5 그 외 기능 사용하기   117

CHAPTER 07

카카오페이 사용하기

STEP 1 카카오페이 등록하기   121
STEP 2 카카오페이 광고 전화 차단하기   125
STEP 3 카카오페이 계좌 지킴이   127

CHAPTER 08

멀티프로필/카카오톡 관리

STEP 1	카카오톡 글자크기	132
STEP 2	멀티프로필 만들기	136
STEP 3	멀티프로필 친구관리	139
STEP 4	멀티프로필 친구 추가/해제하기	141
STEP 5	멀티프로필 삭제하기	143
STEP 6	앱 저장공간 관리하기	145
STEP 7	모든 채팅방 미디어 삭제하기	148

CHAPTER 09

카카오맵과 지하철

STEP 1	카카오맵 길찾기	151
STEP 2	카카오맵 현위치	154
STEP 3	집/회사 등록하기	157
STEP 4	교통상황 살펴보기	163
STEP 5	로드뷰로 그리운 고향 둘러보기	166
STEP 6	카카오 지하철 이용하기	169

CHAPTER 10

카카오T와 택시호출

| STEP 1 | 택시 호출하기 | 175 |
| STEP 2 | 기차표 예매하기 | 179 |

CHAPTER 11

인스타그램 맛보기

| STEP 1 | 인스타그램 가입하기 | 183 |
| STEP 2 | 공유해서 피드하기 | 190 |

CHAPTER 01

카카오톡 시작하기

모바일 메신저 앱 카카오톡은 스마트폰 보급률을 폭발적으로 끌어올린 1등 공신입니다. 단순한 메신저 기능 이외에도 콜택시, 지도 및 내비게이션, 간편결제, 인터넷 전문은행까지 서비스 영역이 확장되었습니다.

🔍 결과화면 미리보기

무엇을 배울까?

① 카카오톡 설치하기
② 카카오톡 가입하기
③ 카카오톡 화면구성 살펴보기

④ 카카오톡 친구찾기
⑤ QR코드로 친구추가
⑥ 연락처로 친구추가

01 **[Play 스토어]**를 실행한 후 🔍**[검색]**을 누릅니다. 돋보기는 버전에 따라 화면 하단에 있는 경우도 있습니다.

02 입력상자에 ❶"**카**" 한 글자만 입력하고 목록에서 ❷**[카카오톡]**을 선택한 후 ❸ **[설치]**를 누릅니다.

03 카카오톡의 설치가 진행되는데, 이때 **취소**를 누르지 말고 기다렸다가 설치를 마친 후 나타나는 **[열기]**를 누릅니다.

 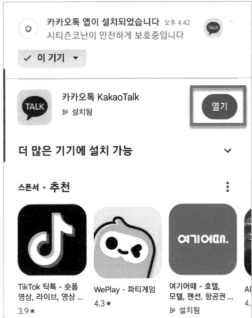

04 카카오톡에서 알림을 보내도록 **[허용]**을 누른 후, 권한을 허용하기 위해 노란색 버튼의 **[허용하기]**를 누릅니다.

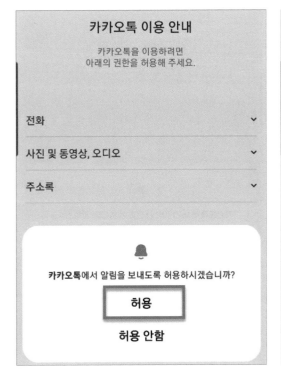 

05 카카오톡의 권한 허용에서 연락처에 접근하도록 **[허용]**을 누르고, 전화를 걸고 관리하도록 **[허용]**을 누릅니다.

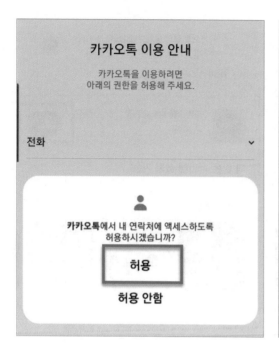 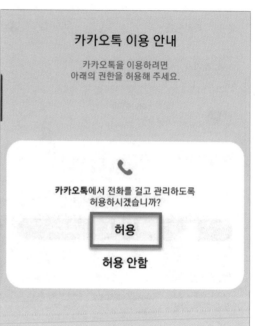

06 카카오톡에서 스마트폰의 음악과 오디오 접근을 **[허용]**한 후, 사진과 동영상에 접근할 수 있도록 **[허용]**을 누릅니다.

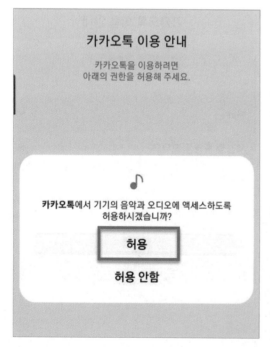 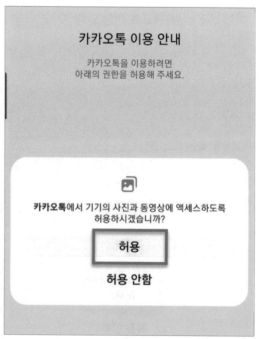

01 처음 사용자는 [새로운 카카오계정 만들기]를 누른 후 ❶[모두 동의합니다]를 체크한 다음 ❷[동의하고 계속 진행합니다]를 누릅니다.

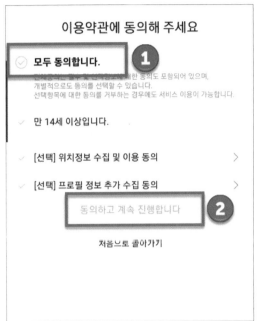

02 전화번호를 입력하지 않아도 자동으로 입력이 되므로 [확인]을 누르고, 인증번호를 보내는 창에서 [확인]을 누릅니다.

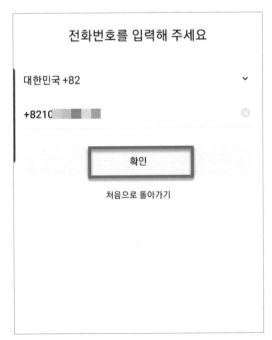
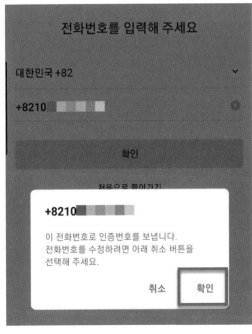

03

카카오톡은 자동으로 인증번호가 적용되며, 가입한 적이 있다면 **[계속 진행하기]** 를 누르고 첫 사용자라면 **[진행하기]**를 누릅니다.

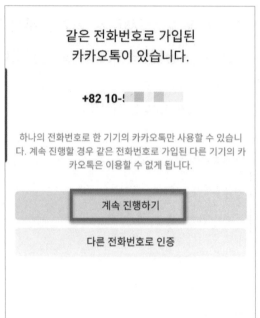

04

❶비밀번호를 2번 동일하게 입력한 후 ❷**[확인]**을 누르고, ❸이름을 입력합니다.

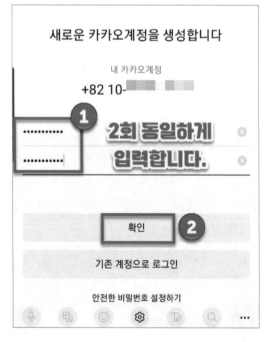

05 **[생년월일]**을 누른 후 아래 화면에서 **년도, 월, 일**을 각각 손가락으로 굴려서 본인의 생년월일로 정했으면 **[확인]**을 누릅니다.

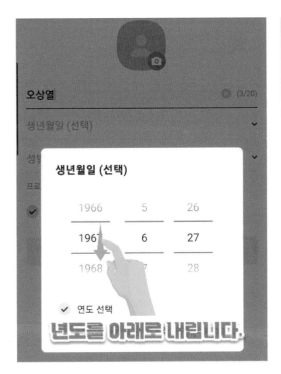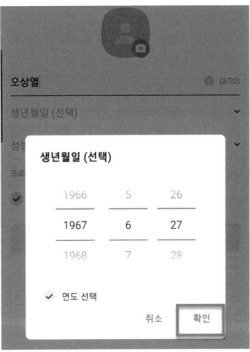

06 **[성별]**을 누른 후 본인의 성별을 선택하고 **[확인]**을 누릅니다. 프로필에 이름, 생년월일, 성별이 맞으면 **[확인]**을 누릅니다.

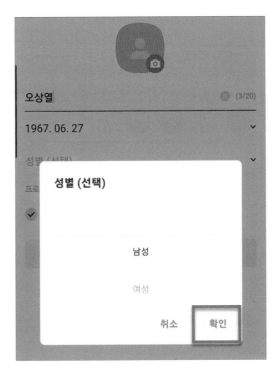

07 이메일을 등록하는 것은 **[나중에 하기]**를 눌러 넘어가면 됩니다. 권한이 필요하므로 **[확인]**을 누릅니다.

 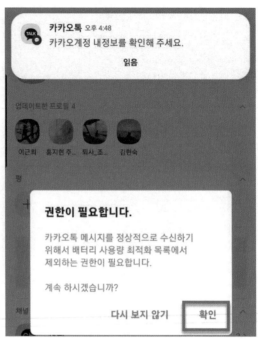

08 아래의 배터리 사용량 최적화는 나오지 않는 경우도 있습니다. **[허용]**을 누르면 카카오톡 설치와 가입이 끝났습니다.

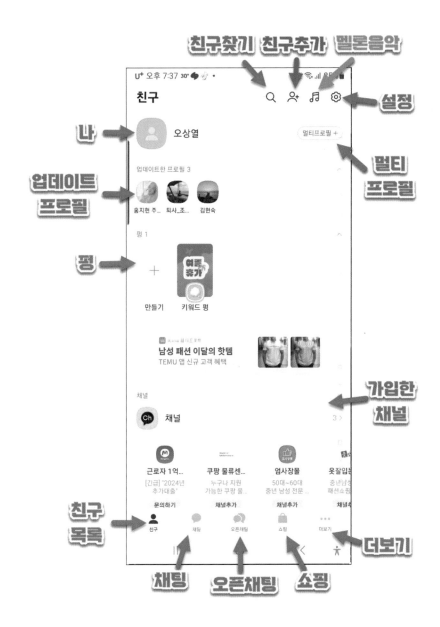

- **친구찾기** : 카카오톡 친구목록에서 빠르게 찾아줍니다.
- **친구추가** : 카카오톡 친구를 QR코드, 연락처, 카카오톡ID, 추천친구로 추가합니다.
- **멜론음악** : 카카오톡 친구들의 프로필 뮤직, 멜론뮤직에서 음악을 들려줍니다.
- **설정** : 카카오톡의 다양한 환경설정을 작업합니다.
- **나** : 카카오톡 나의 프로필과 채팅을 볼 수 있습니다.
- **멀티프로필** : 카카오톡 친구별로 프로필을 다양하게 보여줄 수 있습니다.
- **업데이트 프로필** : 카카오톡에 자신의 프로필을 변경한 친구 등이 나타납니다.

- **펑** : 24시간 후 자동 삭제되는 기능으로 텍스트, 사진, 동영상을 사용할 수 있으며 전체친구와 선택친구로 공개범위를 정할 수 있습니다.
- **가입한 채널** : 카카오톡 채널에 가입한 목록을 보여줍니다.
- **친구목록** : 카카오톡 친구들만 목록으로 나열합니다.
- **채팅** : 카카오톡 친구와 대화 목록 그리고 채널 채팅이 보여지며 그룹채팅도 포함됩니다.
- **오픈채팅** : 카카오톡을 이용한 모임을 만들 수 있으며, 동호회(밴드) 개념으로 활용하기도 합니다.
- **쇼핑** : 카카오톡에서 제공하는 쇼핑으로 선물하기를 이용할 수 있습니다.
- **더보기** : 카카오페이, 선물하기, 이모티콘, 캘린더, 주문하기, 예약하기 등 카카오톡의 전체기능이 나열된 곳입니다.

STEP 4 > 카카오톡 친구찾기

01 화면 하단에 있는 **[친구]**를 누르면 친구목록이 나옵니다. 친구목록에는 본인의 **연락처** 앱에 등록된 사람 중 카카오톡을 사용하는 사람들의 목록이 표시됩니다.

02 친구목록에 이름이 오름차순으로 나열된 것이 확인됩니다. 예를 들어 **강씨** 성을 가진 사람은 위에 표시되고 **황씨** 성은 아래에 표시됩니다.

03 상단에 있는 🔍 **[친구찾기]**를 눌러서 찾으려는 친구이름 **첫 글자**를 입력하면 찾은 검색목록이 나열됩니다.

04 검색결과 카테고리에서 **❶[친구]**를 누른 후 **❷원하는 친구**를 누른 다음 상대방의 프로필 화면에서 **[1:1채팅]**을 누릅니다.

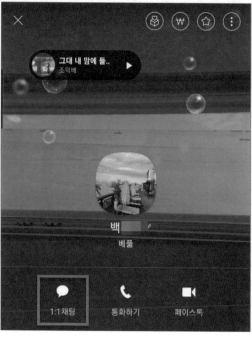

STEP 5 › QR코드로 친구추가

01 **[친구추가]** 버튼을 누르면 본인의 QR코드가 표시됩니다. 다른 친구를 추가하기 위해서는 상단에 있는 **[QR코드]**를 누릅니다.

02 사진을 촬영하기 위해 **[앱 사용 중에만 허용]**을 누른 후, 아래와 같이 스캔할 수 있는 화면이 나오면 친구의 QR코드를 인식시킵니다.

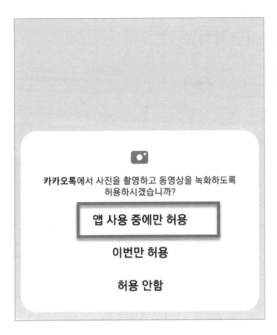

03 친구의 QR코드에 스마트폰을 가져다 올려보세요. 아래 그림은 샘플이어서 인식되지 않으므로 **옆 친구의 QR코드**를 인식해 보세요.

04 노란색으로 표시된 **[친구추가]**를 누르면 되며, 이미 친구로 등록된 경우에는 **[1:1 채팅]**으로 나옵니다.

STEP 6 > 연락처로 친구추가

01 [친구추가] 버튼을 누른 후 상단에 있는 [연락처]를 누릅니다.

02 ❶이름과 **휴대폰번호**를 입력한 후 ❷[확인]을 누르면 카카오톡 친구에 등록이 되
며, 계속해서 [휴대폰 연락처에 추가]를 누릅니다.

03 연락처를 저장할 ❶[연락처] 앱을 선택한 후 ❷[항상]을 누르면 연락처가 추가됩니다. [저장]을 눌러서 연락처에 추가를 완료합니다.

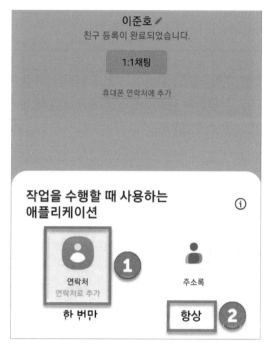

04 연락처로 추가되었으면 [뒤로]를 누릅니다. 친구 목록에 [새로운 친구]로 친구이름이 나오게 됩니다.

CHAPTER 02

친구와 채팅하기

카카오톡 친구와 대화하는 것을 채팅이라고 합니다. 텍스트를 기본으로 사진, 영상, 음악, 녹음파일, 일정, 지도, 선물하기 등 다양한 방식으로 소통할 수 있으며, 다른 앱과의 공유 기능도 활용할 수 있습니다.

🔍 **결과화면 미리보기**

무엇을 배울까?

❶ 글자를 입력해 대화하기
❷ 말로 글자 입력하기
❸ 음성으로 녹음해서 보내기

❹ 사진 보내기
❺ 갤러리의 사진 공유하기

01 친구목록에서 대화하려는 **친구를 선택**한 후 **[1:1채팅]**을 누릅니다.

02 화면 하단에 있는 입력상자를 탭하고 키보드로 **①내용을 입력**한 후 **②[보내기]** 버튼을 누릅니다.

03 내가 보낸 내용은 **대화창 오른쪽에 노란 말풍선**으로 표시되고 **숫자 1**은 한명에게 전송한 것을 **읽지 않았다**는 의미입니다. 친구가 보낸 채팅 내용은 **대화창 왼쪽에 하얀 말풍선**으로 보입니다.

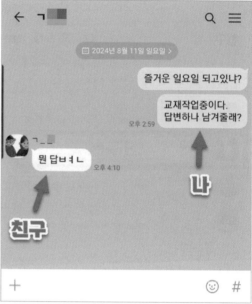

04 친구와의 채팅방에서 좌측 상단의 **[뒤로]** 또는 우측 하단의 **[뒤로]** 버튼을 누르면 **채팅목록**으로 방금 채팅했던 친구가 목록에 보입니다.

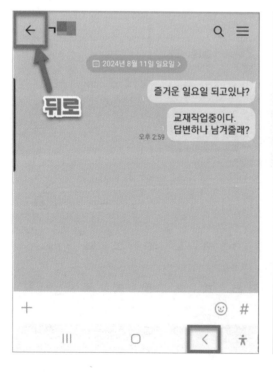

01 친구목록에서 채팅할 친구를 선택한 후 [1:1채팅]을 누릅니다.

02 채팅창에서 **❶입력상자**에 탭하고 키보드의 **❷마이크**를 누른 후 전달할 내용을 말로 합니다. **(어떤 기종은 ❸위치에 마이크가 있습니다)**

03 용건을 말하면 타이핑이 저절로 되는 것을 알 수 있습니다. **마이크**를 눌러 중지
합니다.

04 하단의 스페이스바를 **왼쪽으로 플릭(flick)**하면 **한글/영어**가 변환되어 영어나 한
글로 전환해서 말할 수 있습니다.

05 말로 글자를 입력하다 틀린 글자는 **BackSpace**를 눌러 지울 수 있으며, 좌측 하단의 **키보드** 버튼을 누르면 키보드가 표시됩니다.

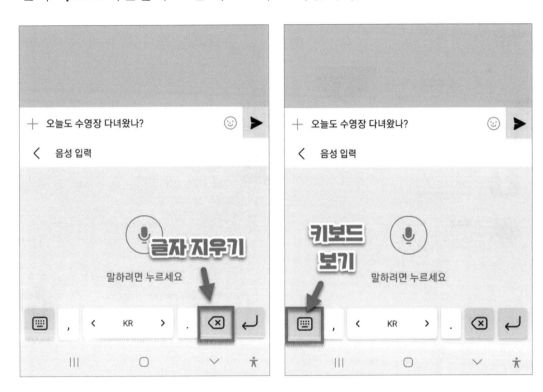

06 글자를 키보드로 입력하고 말로 입력할 수 있으니 활용해 보세요. 다시 **마이크**를 눌러서 **[보내기]**를 누릅니다.

07 친구의 답변이 오면 채팅목록에 **①**이 표시되며, 답장문자를 입력한 후 **[보내기]** 를 누릅니다.

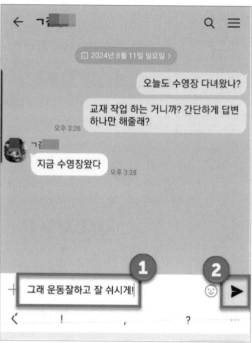

08 답장문자를 카톡으로 보낸 후 **[뒤로]**를 눌러 채팅목록으로 나가면 마지막으로 답변을 보낸 시간이 표시됩니다.

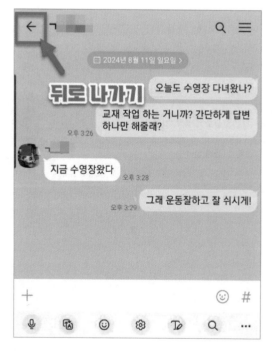

01 **친구목록**에서 친구를 선택한 후 **[1:1채팅]**을 누릅니다.

02 친구에게 음성을 녹음해서 보내려면 좌측 하단의 **추가(+)** 버튼을 눌러서 **[음성메 시지]**를 선택합니다.

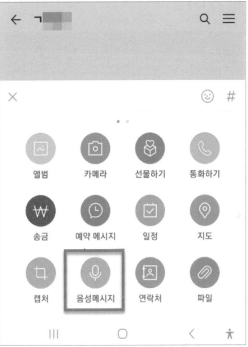

03 카카오톡이 오디오 녹음을 하도록 **[앱 사용 중에만 허용]**을 누른 후 ●**(빨간녹음)** 버튼을 눌러서 보낼 메시지를 말로 녹음합니다.

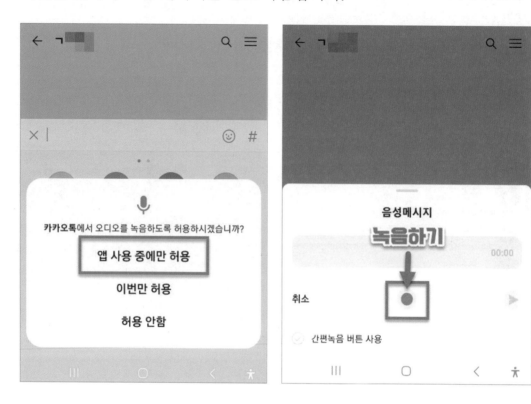

04 녹음한 내용이 마음에 들지 않는다면 말을 중단하고 **[정지]** 버튼을 누른 후, **[다시 녹음]**을 누릅니다.

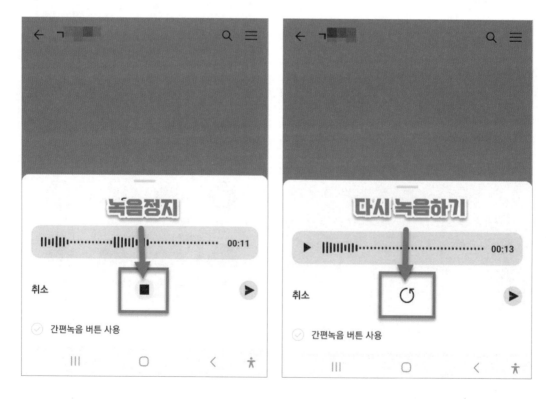

05 [녹음] 버튼을 누르면 처음부터 다시 녹음할 수 있으며, 녹음한 내용을 전송하려
면 [보내기] 버튼을 누릅니다.

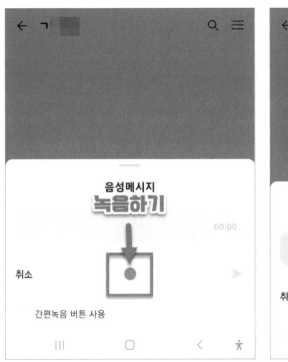

06 녹음된 메시지를 눌러서 재생해 들어볼 수 있습니다.

STEP 4 > 사진 보내기

01 ❶[채팅]에서 사진을 전송할 ❷친구를 선택한 후 ❸추가(+) 버튼을 누릅니다.

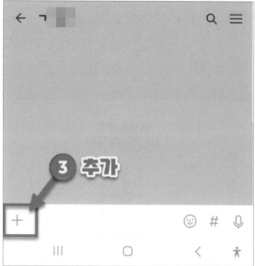

02 [앨범]을 누르면 스마트폰으로 촬영한 사진이 나옵니다. 보내고 싶은 사진의 우측 상단에 있는 **동그라미** 선택 버튼을 누릅니다.

03 보내려는 사진을 **2장 선택**한 후 **[보내기]** 버튼을 누릅니다.

04 묶음전송된 사진을 탭해서 상세히 볼 수 있으며 왼쪽으로 플릭해서 다음 사진도 볼 수 있습니다. 좌측 상단의 **[뒤로]**를 눌러 나갑니다.

05 좌측 하단의 **추가(+)**를 누른 다음 **[카메라]**를 누르면 사진을 직접 촬영한 후 전송할 수 있습니다.

06 **[사진 촬영]**을 눌러서 카메라가 작동하면 포커스(초점)를 잘 맞춘 후에 하얀색 **[셔터]**를 누릅니다.

 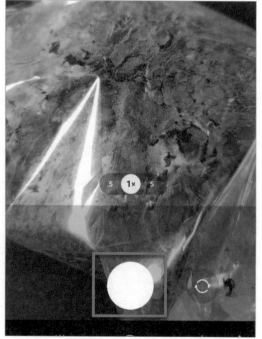

07 촬영 결과가 만족스럽지 않으면 **[다시 시도]**를, 결과가 좋으면 **[확인]**을 누른 다음 하단에 있는 **[간단한 설명을 입력해주세요]**를 누릅니다.

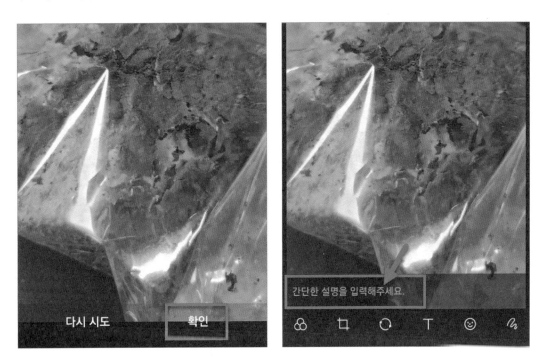

08 촬영한 사진에 대하여 ❶**간단한 설명**을 입력한 후 ❷**[등록]**을 누른 다음 우측 상단의 ❸**[전송]**을 누릅니다.

09 사진을 묶어서 보내는 것이 아니라 **개별로 보내기** 위해서, 좌측 하단의 **추가(+)**를
누른 후 **[앨범]**을 누릅니다.

10 좌측 하단의 **[전체]**를 눌러서 갤러리 형태로 표시한 후, 사진 **3장을 선택**한 후 ❶
[사진 묶어보내기]를 해제한 다음 ❷**[전송]**을 누릅니다.

STEP 5 > 갤러리의 사진 공유하기

01 홈 화면에서 **[갤러리]**를 찾아 열어준 후, 카카오톡으로 공유할 **사진을 선택**합니다.

02 화면 하단의 **<[공유]** 버튼을 누른 후, 공유할 앱인 **[카카오톡]**을 선택합니다.

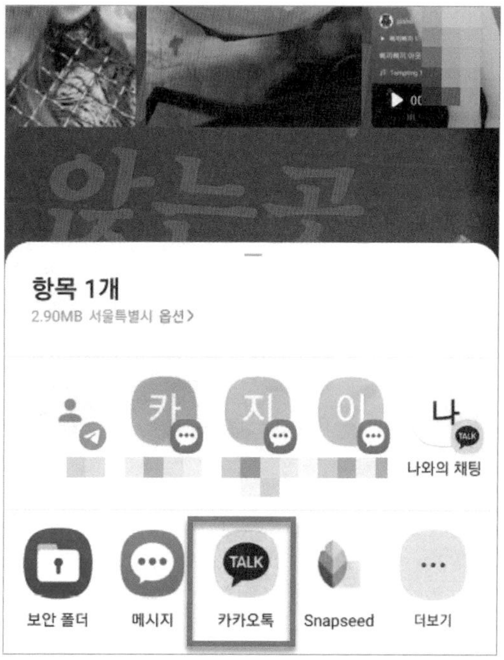

03 **공유 대상 선택** 화면에서 친구를 선택하면 되는데, 연습이기 때문에 ❶[본인]을 선택한 후 우측 상단의 ❷[확인]을 누릅니다.

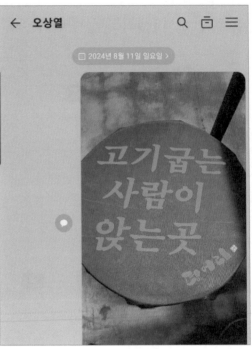

04 좌측 하단의 **[최근 실행 앱]** 버튼을 눌러서 **[갤러리]**를 선택합니다.

05 여러 장을 한번에 공유하려면 ❶첫 번째 사진을 길게 누른 후 나머지 사진도 선택하고 ❷◁[공유]를 눌러 [카카오톡]을 선택합니다.

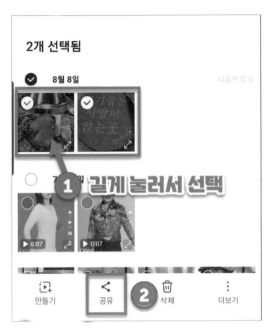

06 공유할 친구들을 선택한 후 [확인]을 눌러서 [1:1채팅방(10명 이하)]를 선택하면 각각 친구 채팅방으로 사진이 전송됩니다.

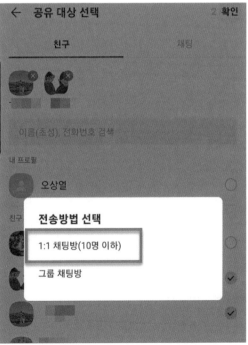

친구 관리하기

필요에 따라 카카오톡에서 특정 친구를 차단해야 하는 경우도 있습니다. 또한 친구목록이 너무 많아 불편한 경우 자주 연락하지 않는 친구를 숨겨놓고 사용할 수 있습니다. 차단, 숨김, 삭제 방법을 알아봅니다.

🔍 결과화면 미리보기

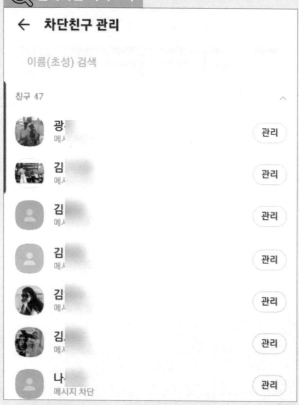
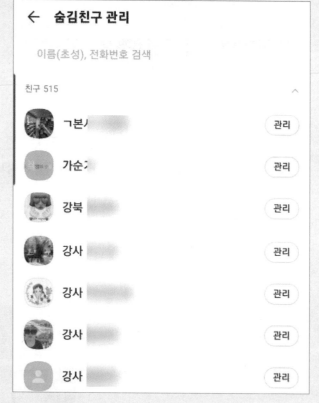

무엇을 배울까?

❶ 친구 차단, 차단 해제하기
❷ 친구 숨김, 숨김 해제하기
❸ 친구목록 편집기능 이용하기
❹ 카카오톡 친구 가짜 파악하기
❺ 친구이름 변경과 즐겨찾기

01 ❶[친구]에서 차단할 사람을 ❷길게 롱탭 후 ❸[차단]을 선택합니다.

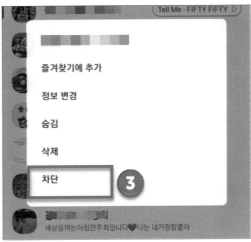

02 친구 차단 상자에서 **[메시지 차단, 프로필 비공개]**를 누른 후 **[차단]**을 선택합니다. 차단을 하면 상대에게 메시지를 보낼 수 없으며, 상대는 나에게 메시지를 보내도 나에겐 메시지가 오지 않습니다. 물론 상대는 내가 차단했는지 모르며, 읽음을 의미하는 1도 남아있습니다.

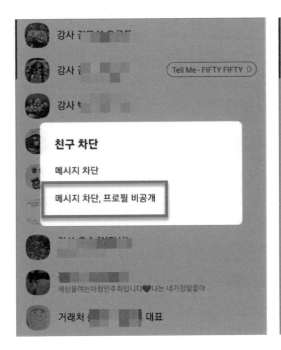
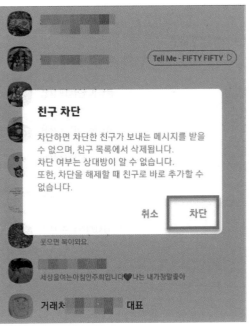

03 차단 해제하기 위해, 친구 창에서 우측 상단의 ⚙️[설정]을 누른 후 [친구 관리]를 선택합니다.

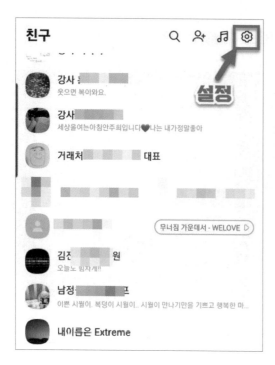

04 친구 관리 창에서 [차단친구 관리]를 누르면 차단한 친구들의 목록이 표시됩니다. 여기에서 차단 해제할 친구 옆의 [관리]를 누릅니다.

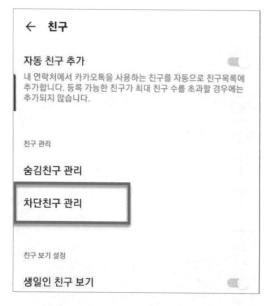

05 차단 관리 창에 차단방식이 체크된 상태로 나오는데, **[차단 해제]**를 선택한 후 **[확인]**을 누릅니다.

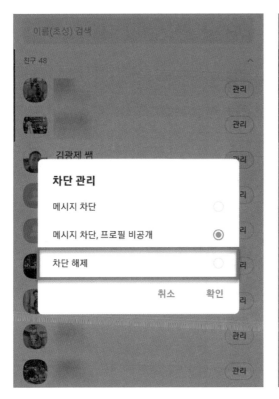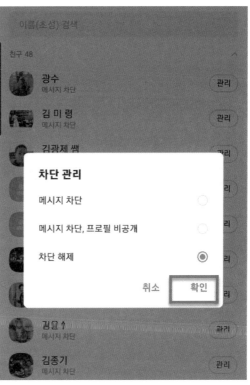

06 차단 해제한 친구 이름이 사라졌는데, 좌측 상단의 **[뒤로]**를 누른 후 친구 관리 창에서 다시 **[뒤로]**를 눌러줍니다.

07 친구목록에 과거에는 자동으로 등록이 되었으나, 이제는 아래와 같이 ⚙[설정]
▶ [친구 관리]를 눌러서 작업을 해야 합니다.

08 ➊[자동 친구 추가]를 켠 다음 ➋[친구 목록 새로고침]을 누른 후, 다시 [뒤로]를
눌러서 친구목록에 가면 추가된 것을 확인할 수 있습니다.

- **메시지 차단, 프로필 비공개** : 내가 차단할 때 상대방에게 프로필을 비공개로 설정해 두었다면, 차단을 해제할 때 내 프로필이 상대방에게 새로 노출될 수 있습니다. 이 경우에는 상대방의 프로필에 빨간점이 생길 수 있습니다. 하지만 메시지 차단만 했다면, 차단 해제 후에도 상대방의 프로필에 빨간점이 생기지 않습니다.

- **친구를 차단을 했을 경우** : 내가 차단하면 나는 카톡을 보낼 수 없으며, 상대방 입장인 차단을 당한 상대방은 차단한 나에게 카톡을 보낼 수 있지만 내가 카톡을 수신하지 않았기 때문에 읽음표시인 숫자 1이 사라지지 않는 상태입니다.

- **카카오톡에서 차단을 했을 경우** : 이전 버전에서는 차단 해제를 하면 친구목록에 새로운 친구로 추가되었지만, 현재 버전은 친구로 바로 추가할 수 없습니다.

- **카카오톡 대화방 메시지는?** : 차단한 친구와 대화방은 그대로 유지한 상태였을 때, 차단을 해제하게 되면 대화방을 들어가서 확인할 경우 이전에 나눴던 카톡은 사라지지 않고 계속 이어집니다. 다만 카카오톡 차단을 풀더라도 차단된 상태에서 상대가 보낸 카톡 메시지는 수신할 수 없어서 그 동안의 메시지는 알 수 없으며, 상대의 입장에서는 차단당한 상태에서 보냈던 카톡 메시지가 읽음으로 처리됩니다.

- **그룹채팅에서 차단된 사람은?** : 내가 한 채팅은 그룹채팅에 잘 전달이 되며 차단한 상대도 그 카톡 메시지를 잘 수신할 수 있습니다. 차단당한 상대가 채팅을 올려도 나에게도 잘 보입니다. 그룹채팅방에서는 친구를 차단하고 해제하는 것과 상관없이 그룹채팅방에서 이야기를 나눌 수 있습니다.

- **결론** : 상대방은 차단 사실을 직접적으로 알 수 없지만, 간접적인 신호를 통해 짐작할 수 있으므로 차단기능에 대해 잘 알아두기 바랍니다.

01 친구목록에서 숨기려는 **이름을 길게** 누른 후 **[숨김]**을 누릅니다.

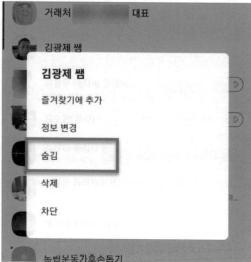

02 **친구목록에서 숨김** 대화상자가 나오면 **[숨김]**을 누릅니다. 친구목록에서 숨겨져 보이지 않게 되지만, 채팅창에 대화방이 있었다면 대화는 주고 받을 수 있으며, 숨김 친구는 나의 이름이 계속 보이므로 대화방을 만들어서 대화를 나눌 수 있습니다.

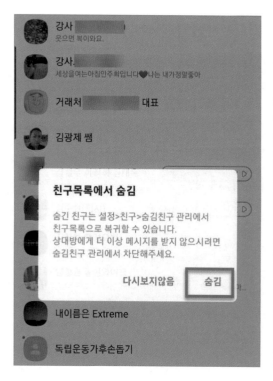

03 숨김을 풀려면 우측 상단 ❶⚙[설정]을 누른 후 ❷[친구 관리]를 선택한 다음 **친구** 창에서 [숨김친구 관리]를 누릅니다.

04 **숨김친구 관리** 창에서 숨김을 해제하려는 친구의 [관리]를 누른 후, **숨김친구 관리** 상자에서 [친구목록으로 복귀]를 누릅니다.

05 숨겼던 친구가 친구목록으로 복귀가 되어 **숨김친구 관리** 창에서 보이지 않게 됩니다. **[뒤로]**를 눌러 **친구** 창에서 **[뒤로]**를 한번 더 누릅니다.

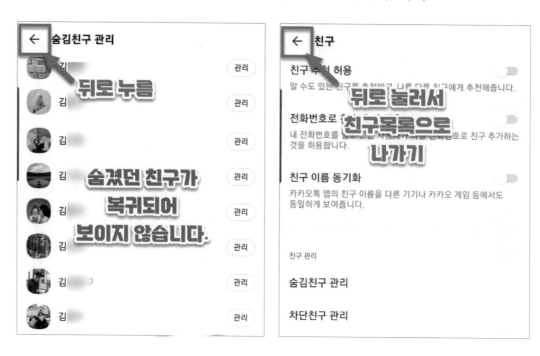

06 친구목록에서 완전히 **삭제하려는 친구**를 **길게** 누른 후, 대화상자에서 **[삭제]**를 누릅니다.

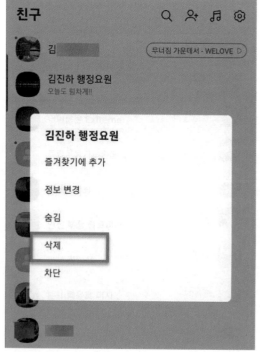

07 **친구 삭제** 대화상자에서 **[삭제]**를 누르면 친구목록에서 삭제되며, 친구가 나에게 채팅을 보내서 대화방에서 **친구추가**를 해야 합니다.

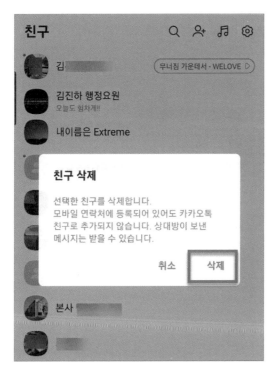

08 **[친구 관리]**에서 **[친구 목록 새로고침]**을 해도 친구목록에 추가되지 않습니다. 직접 만나서 친구 추가를 해야 할 수도 있으므로 삭제는 신중하게 결정하세요.

01 친구목록에서 [채널]을 눌러 펼친 후 [설정] ▶ [편집]을 누릅니다.

02 친구들도 숨길 수 있지만 카카오톡 채널들을 한꺼번에 숨기려면 이 방법이 편리합니다. 숨기려는 채널의 [숨김]을 누른 후, **친구목록에서 숨김** 대화상자가 나오면 [다시보지않음]을 누릅니다.

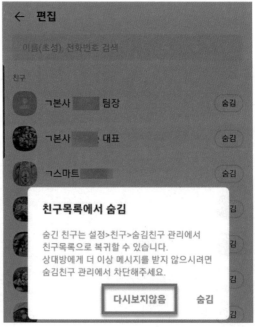

03 다시 편집창에서 숨기려는 채널명의 **[숨김]**을 몇 개를 누른 후, 좌측 상단의 **[뒤로]**를 눌러서 **친구목록**으로 나갑니다.

04 기존 채널의 개수에서 몇 개가 사라진 것을 볼 수 있습니다. 동일한 방식으로 친구도 한꺼번에 숨김을 할 수 있습니다.

01 가짜 친구로 의심되는 **친구**를 눌러서 우측 상단에 **[화폐기호]**가 보이면 카카오톡 인증받은 친구가 맞습니다.

02 **[화폐기호]**를 누르면 금액을 전송할 수 있는 화면이 나오지만, 가짜 카카오톡 이용자는 오른쪽 그림과 같이 **[화폐기호]**가 표시되지 않습니다.

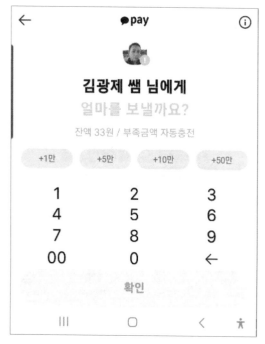

01 친구 찾기를 빠르게 하려면 이름을 변경하여 목록의 상단에 표시되도록 만듭니다. 변경하려는 친구를 **길게 누릅니다.**

02 **[정보 변경]**을 눌러서 이름 앞에 탭을 합니다. 자음 "ㄱ"이 목록의 가장 위쪽에 나오게 됩니다.

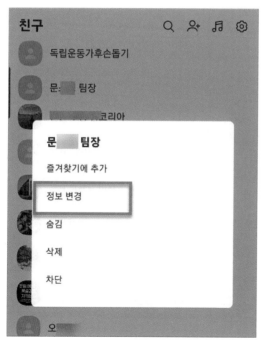

03 앞에 ❶"ㄱ"을 붙여서 ❷메모를 입력한 후 ❸[확인]을 누르면 **친구목록**에서 가장 앞으로 이동된 것이 확인됩니다.

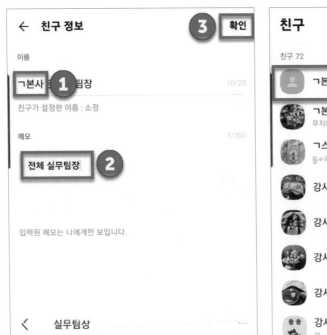
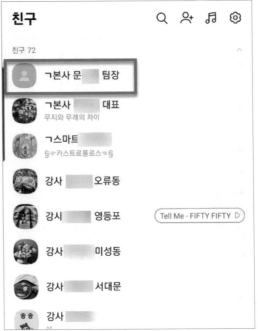

04 즐겨찾기도 역시 빠르게 찾아서 사용할 수 있는 기능입니다. 즐겨찾기할 친구를 **길게 누른 후 [즐겨찾기에 추가]**를 누릅니다.

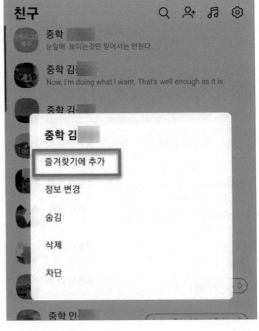

05 즐겨찾기를 한다고 목록위치가 변경되는 것은 아닙니다. **즐겨찾기**는 **친구목록**에서 위쪽에 고정되어 찾기가 편리합니다.

06 즐겨찾기를 해제할 친구를 **길게** 누르면 **[즐겨찾기 해제]**가 나옵니다. **[즐겨찾기 추가]**로 나온다면 즐겨찾기를 안 한 친구입니다.

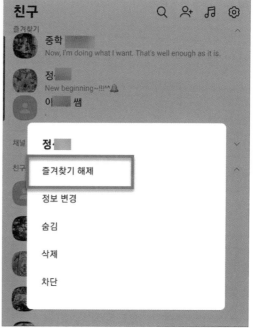

일반, 그룹, 팀, 비밀채팅

카카오톡을 이용하여 1:1채팅만 할 수 있는 것이 아니고 그룹채팅으로 가족모임, 동창모임 등 모임을 위한 채팅방을 운영할 수 있으며, 스마트폰으로만 볼 수 있는 비밀채팅을 할 수도 있습니다.

🔍 결과화면 미리보기

무엇을 배울까?

❶ 채팅에서 일반채팅 만들기
❷ 그룹채팅 만들기
❸ 팀채팅 만들기
❹ 비밀채팅 만들기

❺ 채팅방 이름 변경, 상단 고정
❻ 채팅방 홈화면 추가, 조용한 채팅방

01 ❶[채팅]에서 ❷[채팅추가]를 누른 후, 화면 상단에서 [일반채팅]을 선택합니다.

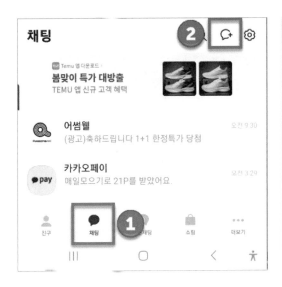 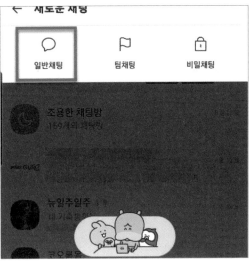

02 대화할 ❶친구를 선택한 후 ❷[확인]을 누르면 일반채팅 창이 열리고 텅 비어있는
화면이 나옵니다. 이때 대화를 남기지 않고 [뒤로]를 눌러 채팅방을 나갑니다.

03 **채팅** 창에 내용을 입력하지 않으면 목록에 남지 않는 것을 확인합니다. 이번에는 **채팅** 창에 내용을 남긴 후 **[뒤로]** 나가기를 해 보세요.

 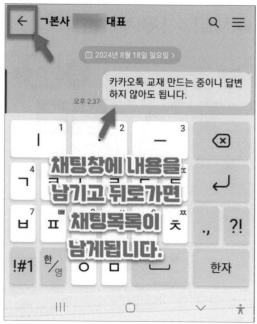

04 내용을 입력했다면 **채팅목록**에 아래처럼 기록된 것을 확인할 수 있으며, 다시 **[채팅추가]**를 눌러서 **채팅중**인 다른 친구를 선택해 봅니다.

05 이전에 카카오톡을 이용하여 채팅으로 대화를 하던 **친구**를 선택하면, 새로운 대화창이 아닌 **기존의 대화창**이 열리게 됩니다.

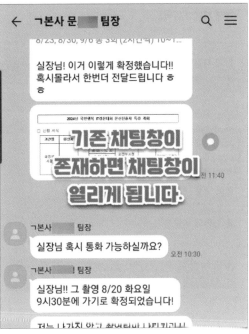

06 대화 내용을 **모두 지우고** 나가려면 채팅창에서 우측 상단의 ☰[메뉴]를 누른 후 펼쳐 진 메뉴창에서 우측 하단의 ⚙[설정]을 누릅니다.

07 [채팅방 데이터 관리]를 눌러서 [대화 내용 및 미디어 모두 삭제]를 누르면 채팅했던 내용이 깨끗하게 지워집니다.

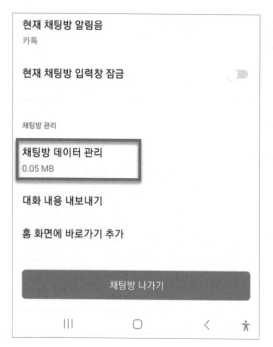

08 [채팅방 나가기]를 하면 채팅목록에서 사라지게 됩니다. 채팅목록에서 제거할 때 이러한 방식으로 하면 저장 공간을 확보할 수 있습니다.

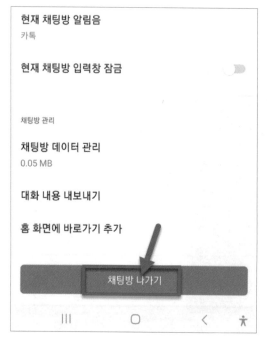

01 ❶[채팅]에서 ❷[채팅추가]를 누른 후, 화면 상단에서 [일반채팅]을 선택합니다.

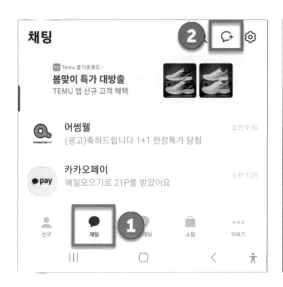

02 대화할 친구들을 **여러 명 선택**한 후, 상단에 초대할 명단에서 초대하지 않을 친구는 [X]를 눌러서 **해제**하고 우측 상단의 [다음]을 누릅니다.

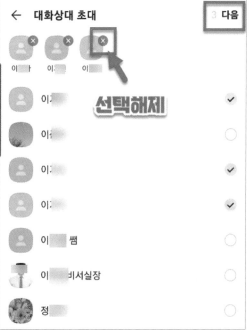

03 ❶그룹채팅방 이름을 입력한 후 ❷[그룹사진]의 카메라를 눌러서 [앨범에서 사진 선택]을 누릅니다.

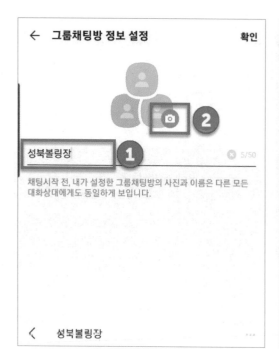

04 갤러리에서 프로필 사진을 선택한 후, 우측 상단의 [확인]을 누르면 이 프로필 사진이 그룹 친구들에게 동일하게 보입니다.

05 우측 상단의 [확인]을 누르면 [그룹채팅] 방이 열리고 안내문에서는 ❶[다시 열지 않음]을 누릅니다. 그룹채팅방을 나가려면 ❷☰[메뉴]를 누릅니다.

 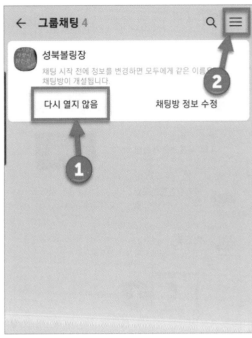

06 하단의 [나가기]를 누르면 그룹채팅방을 나가겠는지 묻는 대화상자가 나오며 ❶ [조용히 나가기]를 선택하고 ❷[나가기]를 누릅니다.

 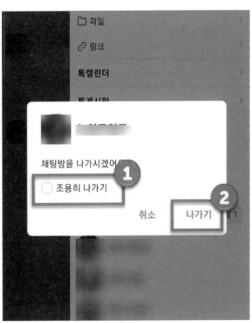

01 그룹채팅과 다르게 팀채팅은 방장(운영자)도 있어서 메시지 삭제도 할 수 있습니다. ❶[채팅]에서 ❷[채팅추가]를 누른 후, 화면 상단에서 [팀채팅]을 선택합니다.

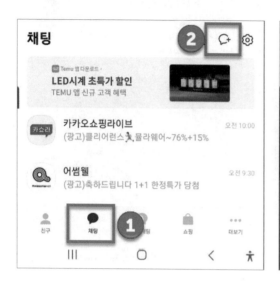
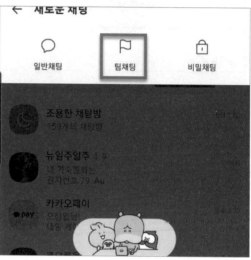

02 멤버로 초대할 ❶친구들을 선택한 후 우측 상단의 ❷[다음]을 누른 다음 ❸팀채팅 이름을 입력하고 ❹팀프로필 카메라 버튼을 누릅니다.

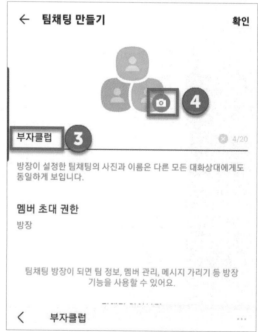

03 프로필 사진 등록 창에서 [앨범에서 사진 선택]을 눌러서 원하는 사진을 선택합
니다.

04 우측 상단의 [확인]을 눌러서 프로필 사진 설정을 끝낸 후, [멤버 초대 권한]을
누릅니다.

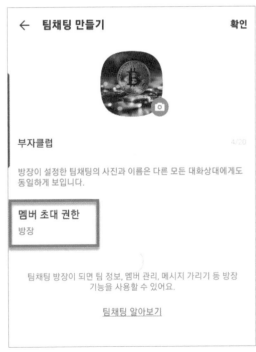

05 [모든 멤버]를 선택하여 멤버 누구나 초대할 수 있도록 한 후, 우측 상단의 [확인]을 누릅니다.

06 비어있는 채팅방 상태에서 [뒤로]를 눌러 팀채팅방을 나가더라도 채팅목록에 팀채팅방 이름이 그대로 보이고 있습니다.

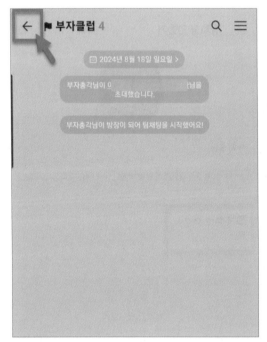

07 팀채팅방을 나가려면 우측 상단의 ≡[메뉴]를 누른 후, 펼쳐진 메뉴창에서 왼쪽 하단에 있는 [나가기]를 누릅니다.

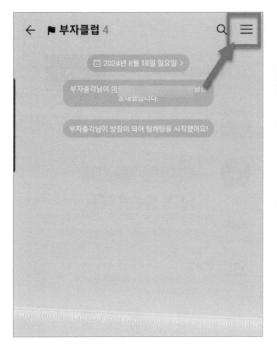

08 [채팅방 삭제 및 나가기]를 누른 후 [모든 정보를 삭제하는 것에 동의합니다]를 체크한 후 [채팅방 삭제 및 나가기]를 다시 누릅니다.

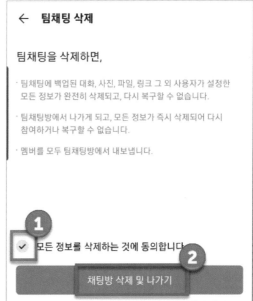

09 [삭제]를 누르면 채팅방 멤버를 모두 내보내고 삭제하게 되며, 팀채팅 멤버들의 채팅목록에서도 팀채팅방이 사라집니다.

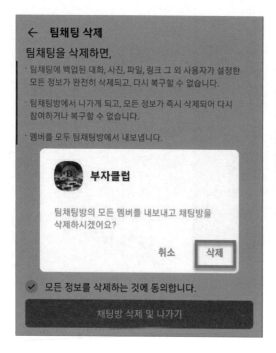

팀채팅과 그룹채팅의 차이

1. 팀채팅은 방장이 있고 그룹채팅은 없음

2. 팀채팅은 방장이 채팅방을 나가면 채팅방이 사라지게 되나, 그룹채팅은 방장이 없어 그대로 유지가 됨.

3. 그룹채팅은 생성해도 대화가 없으면 친구들 채팅목록에는 나타나지 않고 생성자가 글을 남기면 채팅목록에 보이게 되지만, 팀채팅방은 무조건 채팅목록에 생성이 됨.

4. 그룹채팅은 나가기를 하더라도 다시 초대해서 들어갈 수 있지만, 팀채팅은 나가기 이후 다시는 해당 채팅방에 초대할 수 없게 됨.

STEP 4 > 비밀채팅 만들기

01 PC에서 볼 수 없고 모바일에서만 볼 수 있는 **[비밀채팅]**은 ❶**[채팅]** ▶ ❷**[채팅추가]**를 누른 후 **[비밀채팅]**을 선택합니다

02 대화상대 초대에서 비밀채팅에 초대할 ❶**친구**를 선택한 후 우측 상단의 ❷**[확인]**을 누른 후 대화를 나누면 됩니다. 친구는 여러 명을 선택해도 됩니다.

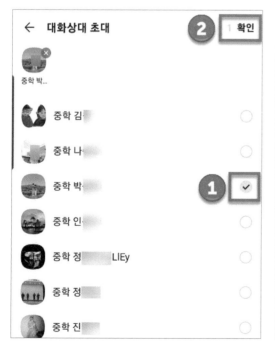
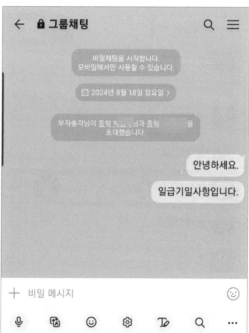

03 다른 친구를 추가로 초대하려면 우측 상단의 ☰[메뉴]를 누른 후 [대화상대 초대]를 누릅니다.

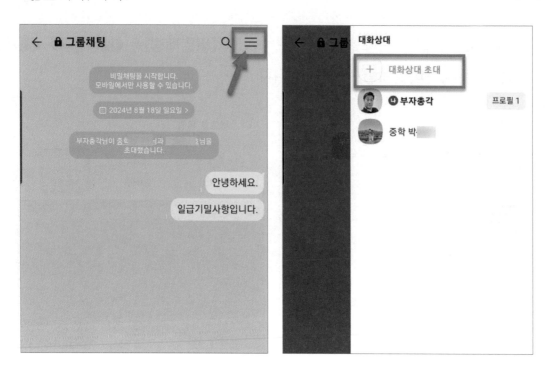

04 ❶친구를 선택한 후 우측 상단의 ❷[확인]을 누르면 다시 비밀채팅창이 나오게 됩니다. 채팅창 배경을 변경하려면 ☰[메뉴]를 누릅니다.

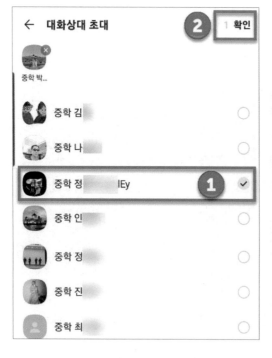

05 우측 하단의 ⚙[설정]을 눌러서 [현재 채팅방 배경화면]을 선택한 후 배경화면을
[일러스트 배경]으로 변경하고자 합니다.

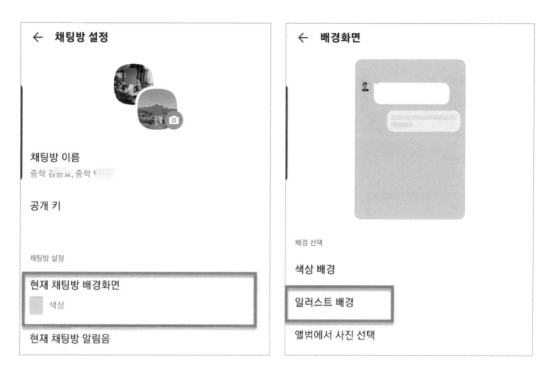

06 카카오톡에서 제공하는 **일러스트를 선택**한 후, **[뒤로]**를 누릅니다.

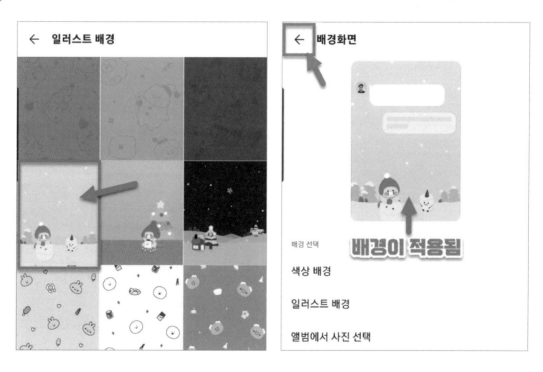

07 채팅방 설정의 아래에 **[메시지 자동 삭제]**가 있는데 비밀채팅이므로 **❶1시간 후**로 변경한 후 **❷[확인]**을 누릅니다.

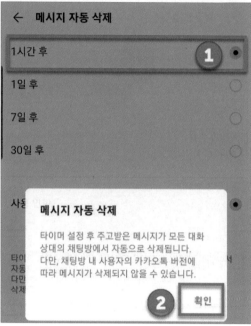

08 **[뒤로]**를 눌러 채팅방 설정에서 빠져 나갑니다. 채팅방에 배경화면과 메시지 자동 삭제가 설정되었습니다.

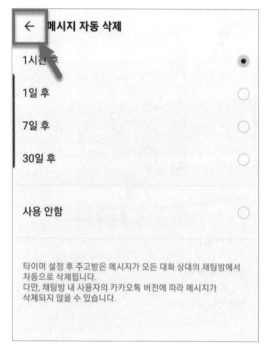
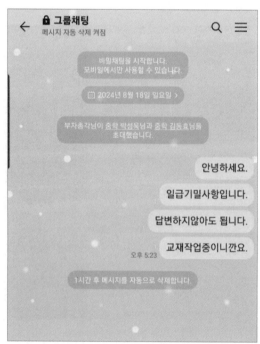

STEP 5 > 채팅방 이름 변경, 상단 고정

01 채팅방 이름을 변경하려면 채팅방을 길게 누른 후 **[채팅방 이름 설정]**을 누릅니다.

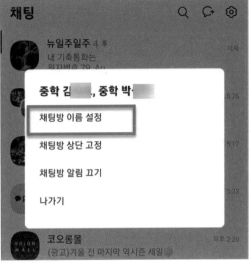

02 ❶**채팅방 이름**을 입력한 후 우측 상단의 ❷**[확인]**을 누르면 채팅목록에 변경된 이름으로 바뀌었습니다.

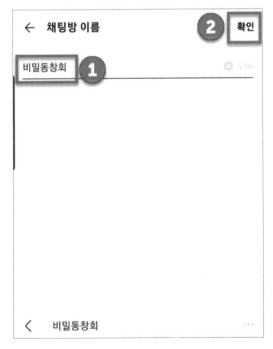

03 채팅목록을 **길게** 눌러서 **[채팅방 상단 고정]**을 누르면 제일 위에 항상 위치하게 되며, 10개까지 고정할 수 있습니다.

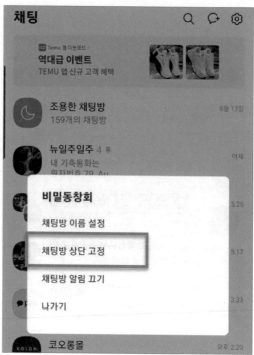

04 목록 상단에 고정되어 새로운 카톡에 밀려 내려가지 않으며, 상단 고정 해제는 목록을 길게 누른 후 **[채팅방 상단 고정 해제]**를 누릅니다.

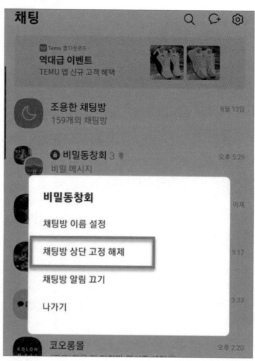

01 내가 자주 이용하는 채팅방은 **길게 눌러서, [홈 화면에 바로가기 추가]**를 누릅니다.

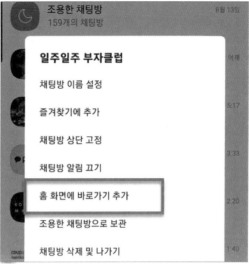

02 [홈 화면에 추가]라는 상자가 열리고 **[추가]**를 누르면 홈화면 마지막에 추가됩니다. 스마트폰 내비게이션의 **[뒤로]**를 누릅니다.

03 홈 화면이 나오면서 가장 뒤로 이동되는데, 채팅방 이름이 보입니다. 이제부터는 이 아이콘을 누르면 카카오톡 채팅방이 바로 연결됩니다.

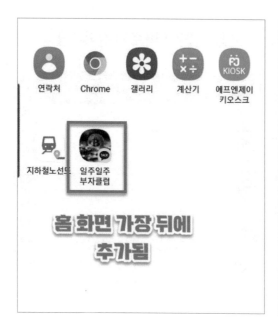

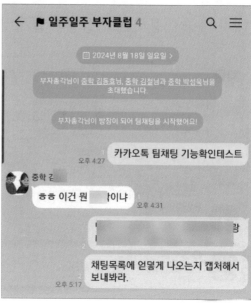

04 채팅목록에 자주 사용하지 않는 채팅방은 길게 눌러서 **[조용한 채팅방으로 보관]**을 눌러서 보관합니다.

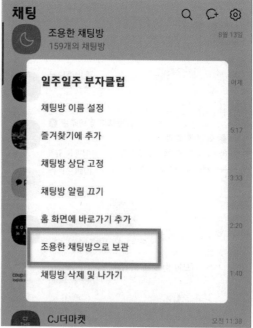

05 채팅목록 상단에 **[조용한 채팅방]**이 생성되었으며, 카카오톡 아이콘에 배지에 표시가 안됩니다. 해제하려는 채팅방을 길게 누릅니다.

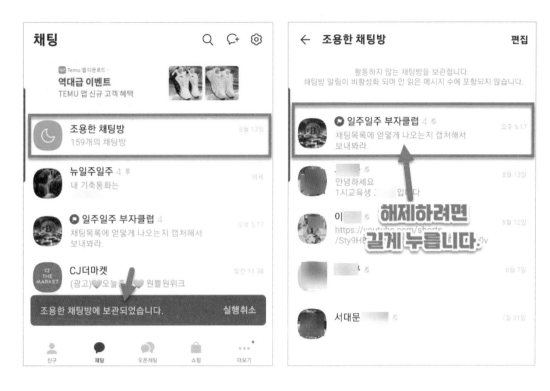

06 **[조용한 채팅방에서 해제]**를 누르면 채팅목록에 나오며, 한 번에 해제하려면 채팅목록의 **[조용한 채팅방]**을 **길게** 눌러서 해제합니다.

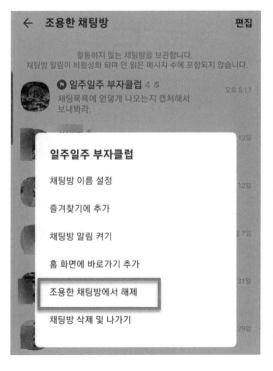

사진/위치 공유하기

카카오톡은 사진, 동영상, 연락처, 일정, 투표, 음성녹음, 통화하기, 선물하기, 송금, 지도, 파일 등을 전달하고 공유할 수 있는 메신저의 기능이 있어서 스마트폰을 이용한 실제 생활에 유용하게 활용할 수 있습니다.

결과화면 미리보기

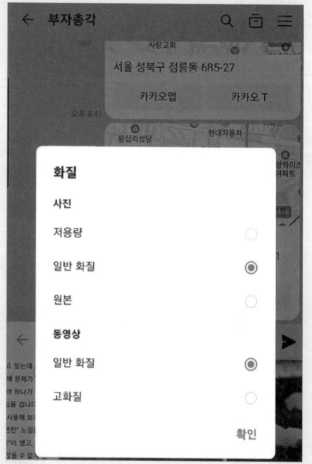

무엇을 배울까?

❶ 사진 편집해서 보내기
❷ 사진 저화질, 일반, 원본 전송하기

❸ 내 위치 및 약속장소 보내기
❹ 친구 위치 공유하기

01 홈 화면에서 [네이버]를 실행한 후 **검색상자**를 누릅니다.

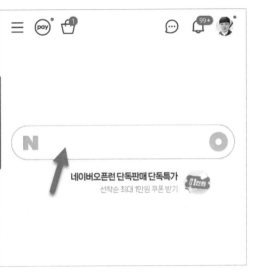

02 ❶"만장봉"을 입력하고 ❷검색을 누른 후, 검색결과 분류 화면의 카테고리 중에서 우리가 사용할 것은 사진이므로 [이미지]를 선택합니다.

03 이미지를 선택한 후 오른쪽 화면에 이미지가 크게 나오면 ❶길게 누른 후 ❷[내 휴대폰: 이미지 저장]을 선택합니다.

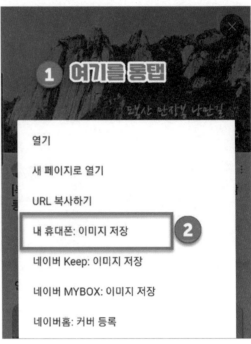

04 카카오톡으로 되돌아가기 위해 좌측 하단의 [최근 실행 앱] 버튼을 누른 후 [카카오톡]을 선택합니다.

05 카카오톡 ❶[친구]에서 가장 위에 있는 목록에서 ❷본인을 선택한 후 [나와의 채팅]을 눌러서 본인에게 먼저 연습해 보세요.

06 좌측 하단의 **추가(+)**를 누르면 다양한 아이콘들이 나오는데, 여기에서 [앨범]을 눌러 다운로드한 사진을 가져옵니다.

07 다운로드했던 **❶사진**을 선택한 후 **❷[꾸미기]**를 누른 후 필요한 부분만 **[자르기]**를 하겠습니다.

08 비율을 **❶[3:4]**로 정한 후 **❷크롭표시**를 자르기할 위치로 조정한 후 **❸[확인]**을 누릅니다. 크롭된 이미지에서 **[텍스트]** 버튼을 누릅니다.

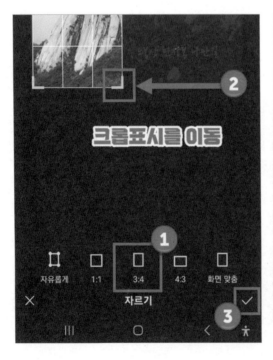

09 ❶"만장봉"을 입력하고 우측 상단의 ❷[확인]을 누른 다음 [크기/회전] 버튼을 이용하여 글자를 크게 만든 후 봉우리 위치로 이동시킵니다.

10 ❶텍스트를 이동한 후 ❷[확인]을 눌러서 텍스트 작업을 끝낸 다음 화면 하단의 도구에서 [스티커]를 선택합니다.

11 ❶**스티커 분류**에서 선택한 후 ❷**해당 스티커**를 누르면 나오는 스티커를 ❸**크기와 자리**를 배치한 후 ❹**[확인]**을 누릅니다.

12 하단 도구에서 **[그리기]**를 선택한 후, 브러시 색을 선택하면 됩니다. 여기서는 **하 늘색**을 선택해서 **"자연보호"**를 그려보도록 합니다.

13 손가락을 이용하여 ❶"**자연보호**"를 그려준 후 ❷[**확인**]을 눌러서 그리는 작업을 끝낸 후, **다른 색**을 선택하여 추가로 그려 꾸며줍니다.

14 꾸미기 작업을 마쳤다면 우측 상단의 [**전송**]을 누르면 카카오톡 대화방에 지금까지 작업한 결과물이 전송됩니다.

STEP 2 > 사진 저화질, 일반, 원본 전송하기

01 **[네이버]** 앱에서 **"안티푸라민 설명서"**를 검색한 후 ❶**[블로그]**를 눌러서 아래에 표시된 ❷**게시글을 선택**합니다.

02 내용을 이미지로 캡처하기 위해 우측 하단의 **[네이버 메뉴]**를 선택한 후 상단에 보이는 **[화면 캡처]**를 누릅니다.

03 내용이 많기 때문에 **[전체화면 캡처]**를 누르면 포스팅 내용이 모두 범위로 지정이 되는데, 텍스트가 있는 부분으로 범위를 지정합니다.

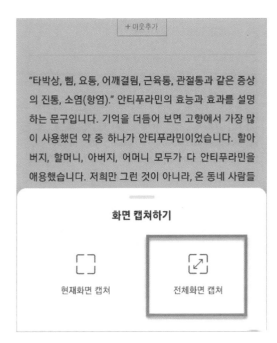

04 캡처 영역을 설정한 후 **[저장하기]**를 누르면 전체 화면이 캡처되었다는 메시지가 표시됩니다. **홈 버튼**을 눌러서 **카카오톡을 실행**합니다.

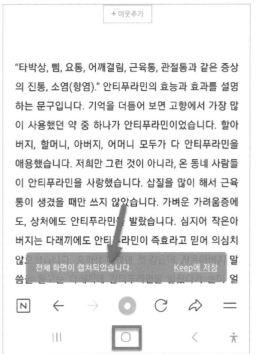

05 카카오톡 ❶채팅목록에서 ❷본인을 선택하면 이전 연습했던 화면이 나오게 됩니다. 좌측 하단의 **추가(+)** 버튼을 누릅니다.

06 캡처된 이미지를 가져오기 위해 **[앨범]**을 눌러서 ❶캡처했던 이미지를 선택한 후 ❷⋯**[더보기]**를 누릅니다.

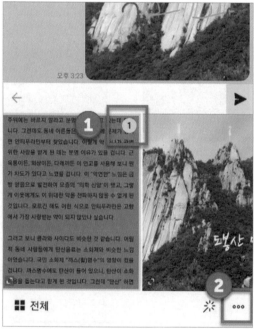

07 처음에는 일반 화질로 되어 있지만 ❶**[저용량]**을 선택한 후 ❷**[확인]**을 눌러서 ❸ **[전송]**을 합니다.

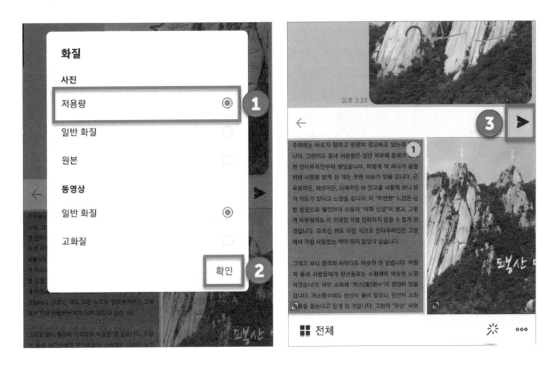

08 전송된 결과물을 터치한 후 오른쪽 화면과 같이 나오면 스트레치하여 크게 **확대 (줌인)**를 해 보세요.

09 아래와 같이 글자가 깨져서 무슨 글자인지 내용을 알아보기 힘듭니다. 화면 하단의 [뒤로]를 눌러 주세요.

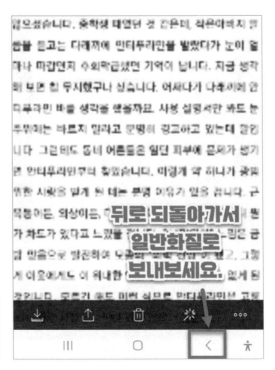

10 다시 [추가] ▶ [앨범] ▶ [캡처된 이미지]를 차례대로 선택한 후, [일반 화질]을 선택해서 전송하고 결과물을 확대해서 보세요.

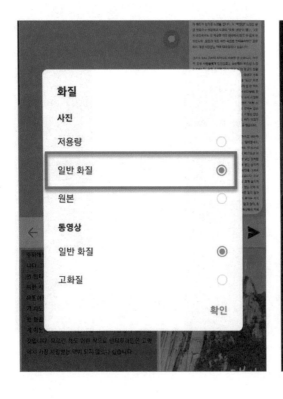

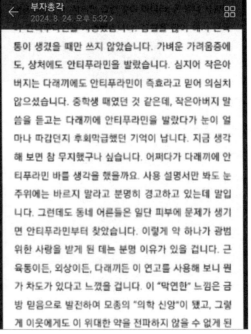

11 다시 **[추가]** ▶ **[앨범]** ▶ **[캡처된 이미지]**를 차례대로 선택한 후, **[원본]**을 선택해서 전송하고 결과물을 확대해서 보세요.

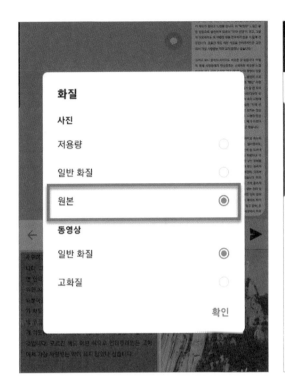
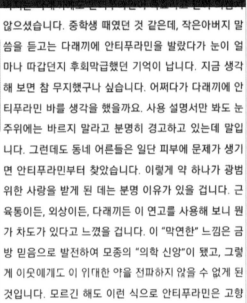

12 **[앨범]**에서 갤러리에 확인할 수 있는 **동영상**을 **일반 화질**과 **고화질**로 전송하면 용량이 다르고 **다운로드해서 감상하면** 화질이 비교됩니다.

01 [나와의 채팅]에서 **추가(+)** 버튼을 눌러 [지도]를 누릅니다.

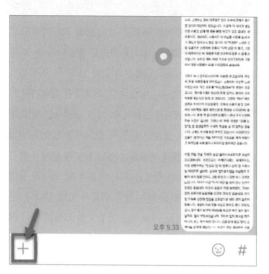 

02 카카오톡에서 지도를 **처음 사용하게 되면** 기기의 위치 정보에 액세스하도록 [앱 사용 중에만 허용]을 누른 후, 지도 위에 현재 위치가 표시된 [위치정보 보내기]를 누릅니다.

03 채팅창에는 현재 위치가 지도로 표시되며, 카카오맵과 카카오 T 서비스에서 이용할 수 있습니다. 이번에는 **추가(+)** ▶ **[지도]**를 눌러서 현재 위치가 아닌 특정 장소의 위치를 전송하겠습니다.

04 ❶ **"제일곱창"**을 입력하고 아래 목록에서 ❷ **[제일곱창왕십리]**를 선택하면 지도에 위치가 표시되고 **[위치정보 보내기]**를 누릅니다.

05 [카카오맵]을 눌러 [도착]을 누르면 자동차 및 대중교통 등의 안내를 받을 수 있습니다. 설치가 되어있지 않으면 **Play 스토어**에서 **설치**를 진행합니다.

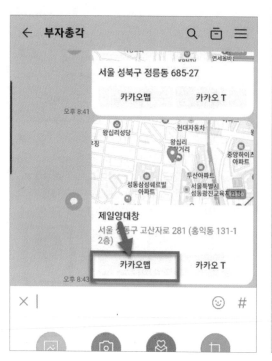

06 먼저 **자가용**으로 이동하게 나오는데, 화면 상단에서 [대중교통]을 누르면 버스, 지하철을 이용하여 최적/최단 시간을 알려줍니다.

01 채팅방의 지도에 표시된 [카카오맵]을 누른 후 카카오맵이 실행되면 좌측 상단의 ≡[메뉴]를 누릅니다.

02 카카오맵의 [위치공유]를 누르면 친구/대화에서 ❶[대화] 탭을 선택한 후 위치를 공유할 ❷채팅방을 선택한 후 ❸[동의 후 위치공유 시작]을 누릅니다.

03 알림 허용창에서 **다시 보지 않기**를 체크한 후, **[알림없이 시작]**을 누릅니다. **[도착지]**를 눌러서 검색합니다.

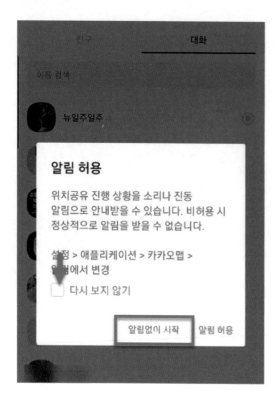 

04 ❶**"제일곱창"**을 입력한 후 목록에서 ❷**[제일곱창]**을 선택합니다. 친구가 **공유허용**하면 아래와 같이 표시가 됩니다.

05 상단의 시간을 눌러서 **공유할 시간**을 늘릴 수가 있으며, 위치공유를 끝내고 싶을 때는 **[나가기]**를 누릅니다.

06 위치공유 종료 창에서 **[종료]**를 누르면 대화방으로 나오게 됩니다. 친구가 어디 쯤 왔는지 약속장소에서 사용해 보세요.

추가기능 알아보기

카카오톡에서 채팅방의 대화 내용 삭제 방법과 다양한 추가기능 중 비교적 많이 사용되며 실제로도 유용하게 활용할 수 있는 통화하기(보이스톡, 페이스톡), 일정 등록, 선물하기 등에 대해 살펴보겠습니다.

결과화면 미리보기

← 저장

● 일정 제목을 입력해 주세요.

🕐 2024. 8. 25 일요일 오후 6:00

2024. 8. 25 일요일 오후 7:00

하루 종일

옵션 더보기

📅 평내동 원룸 월세

◎ 장소

👤 초대 4명

🔔 15분 전

무엇을 배울까?

❶ 채팅 내용 삭제하기
❷ 통화하기
　(보이스톡, 페이스톡)

❸ 일정 등록하기
❹ 선물하기
❺ 그 외 기능 사용하기

01 채팅목록에서 나와의 채팅에서 사용한 **본인과의 채팅**을 누른 후, 삭제하려는 말풍선을 **길게** 누릅니다.

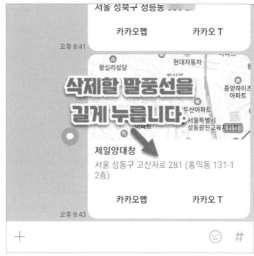

02 [삭제] 메뉴를 선택하면 왼쪽에 체크가 된 상태로 보이며, 삭제하려는 **❶대화를 추가로 체크**한 후 ❷[삭제하기]를 누르면 채팅방에서 바로 사라지게 됩니다(**복구할 수 없음**).

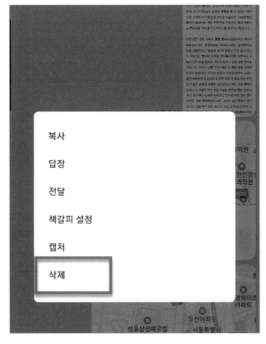
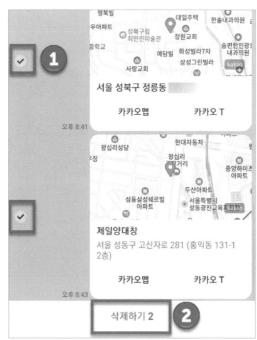

03 카카오톡으로 친구에게 메시지를 보낸 후 잘못 보냈을 경우에도 동일한 방법으로 삭제합니다. 일단 내용을 입력하고 전송합니다.

04 전송된 내용을 삭제하기 위해 말풍선을 **길게 누른 후 [삭제]**를 선택합니다.

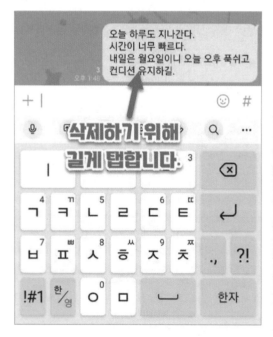 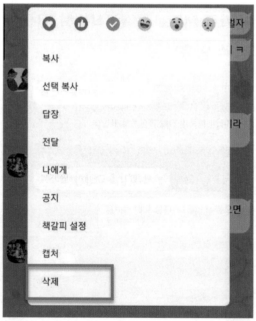

05 ❶[모든 대화 상대에게서 삭제]를 선택하고 ❷[확인]을 누른 후 [삭제]를 누릅니다. 내 스마트폰과 친구의 채팅방에서도 삭제가 됩니다.

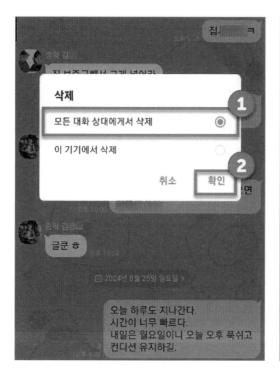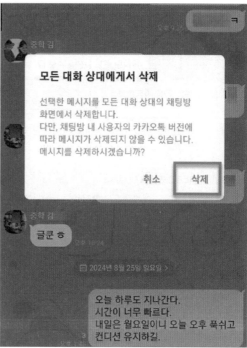

06 [삭제된 메시지입니다]를 다시 길게 눌러서 [삭제]를 하면 나의 채팅방에서 사라지지만 상대방의 채팅방에서는 그대로 보입니다.

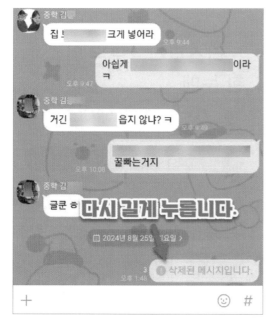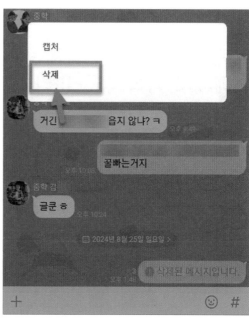

07 채팅방에서 없애려는 내용을 선택한 후 하단의 **[삭제하기]**를 누르고, 메시지 창이 열리면 **[삭제]**를 누릅니다.

 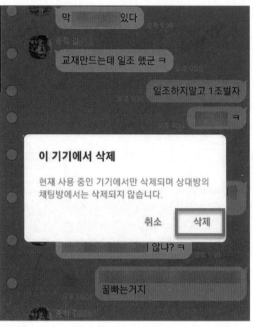

08 하지만 친구 스마트폰에 아래와 같은 앱이 설치되어 있다면 내가 삭제를 하더라도 복구해서 볼 수 있습니다.

01 채팅목록에서 통화할 친구를 선택한 후 좌측 하단의 **추가(+)** 버튼을 누릅니다.

02 **[통화하기]**를 누르면 보이스톡과 페이스톡이 나오는데 보이스톡은 음성통화이며, 페이스톡은 화상전화입니다. 여기에서는 **[보이스톡]**을 누릅니다. 와이파이에 연결된 상태에서는 통화요금이 무료입니다.

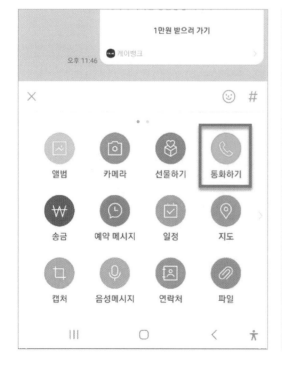
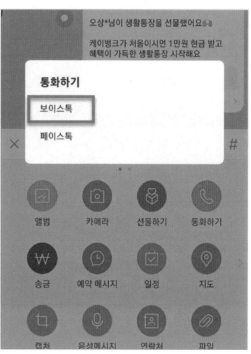

03 처음 사용할 경우 **[앱 사용 중에만 허용]**을 선택한 후, 근처에 있는 기기찾기에서 **[허용]**을 눌러줍니다.

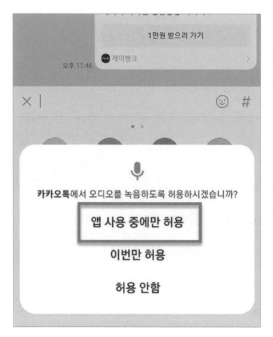

04 일반 전화와 다르게 소리가 울리는 현상이 발생할 수도 있으며, 스마트폰 전화와 비슷한 화면으로 구성되어 있습니다.

05 다시 **[통화하기]**를 눌러서 이번에는 **[페이스톡]**을 선택하여 화상전화를 하도록
합니다.

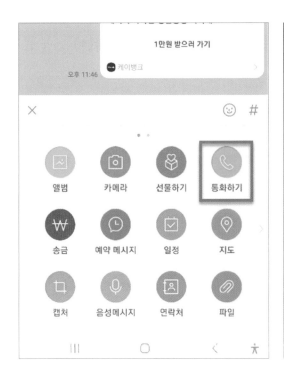

06 와이파이에서는 무료로 사용할 수 있으나, **모바일 데이터 환경**에서는 요금이 발
생할 수 있습니다.

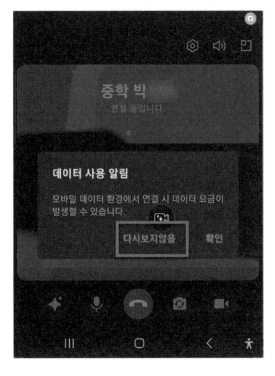

01 여러 사람에게 알리는 사항이므로 **그룹채팅방**을 선택해서 **추가(+)**를 누릅니다.

02 **[일정]**을 누르면 [일정 등록]과 [할 일 등록]이 있는데, 여기에서는 스케줄 작성을 위해 **[일정 등록]**을 누릅니다.

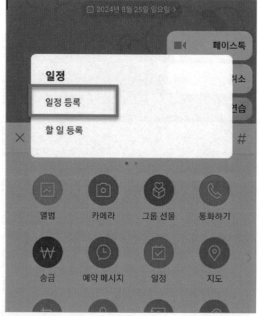

03
일정에 대한 ❶제목을 입력한 후 ❷날짜를 눌러서 아래와 같이 모임날짜와 시간을 정합니다.

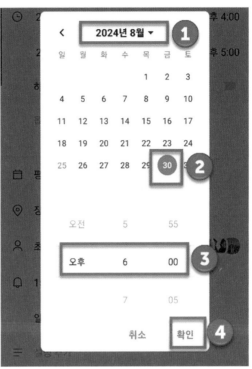

04
[장소]를 눌러서 만날 장소를 아래와 같이 정확하게 선택해 주는 것이 좋습니다.

05 우측 상단의 **[저장]**을 누르면 채팅창에 일정이 공유되며 그룹멤버가 모두 볼 수 있습니다. 참가여부를 정해야 하므로 일정을 탭합니다.

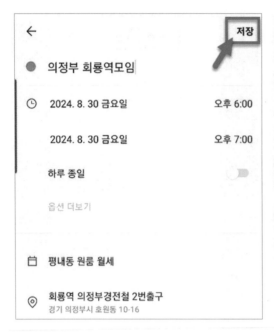 

06 우측 하단의 참석 응답여부를 묻는 곳에서 **[불참]**을 선택하거나, 미정을 선택합니다.

 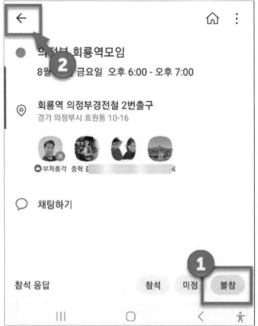

07 일정모임이 끝난 이후에 일정에서 삭제하고 싶다면, 우측 상단의 ❶기타옵션을 눌러서 ❷[삭제]를 선택합니다.

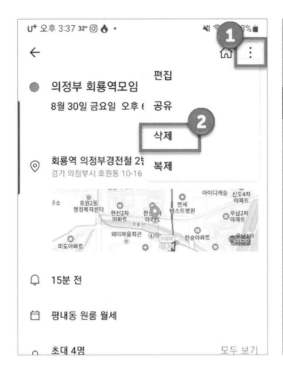
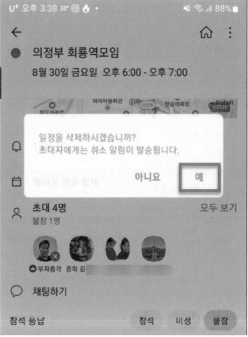

08 일정이 채팅방에서 삭제되었으나 채팅방에는 그대로 표시가 되어 있습니다. 삭제해서 지워 보세요.

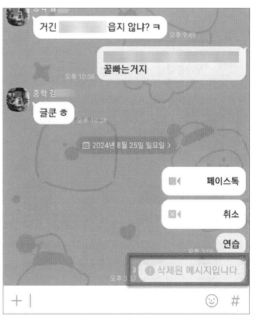

01 카카오톡으로 선물할 친구를 선택한 후 **추가(+)**에서 **[선물하기]**를 선택합니다(본
인에게 선물하기도 가능합니다).

02 친구에게 선물하려는 카테고리를 **[생일]**로 선택하고, 적합한 선물을 찾아봅니
다. 친구가 좋아할 만한 선물을 고르는 것이 좋겠지요?

03 아래와 같이 원하는 선물을 선택하면 가격 등의 상세정보가 표시됩니다. [나에게 선물하기]도 가능하며, 결정하였다면 **[선물하기]**를 누릅니다.

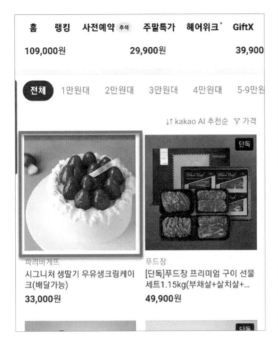 

04 선물의 개수를 정한 후 **[선물하기]**를 한 번 더 누른 다음, 어떤 친구에게 선물할 지를 선택한 후 **[확인]**을 누릅니다.

05 **[텍스트 추가]**를 눌러서 메시지를 작성하고, 아래쪽에 노란색 금액이 표시된 **[결제하기]** 버튼을 눌러 결제를 진행합니다.

06 받고 싶은 선물을 내 프로필에 정해두면 선물하는 친구도 편하게 선물할 수 있으니, 받고 싶은 선물을 미리 선택합니다.

07 해당하는 선물을 골랐으면, 좌측하단의 ♡(위시)를 눌러서 [친구공개! 내 취향은
이거야♡]가 선택된 상태에서 [담기]를 누릅니다.

08 친구는 내가 좋아하는 취향의 선물이 있는지 **내 프로필**을 들어와서 상단에 있는
[선물하기]를 눌러서 [♡위시]를 눌러 확인할 수 있습니다.

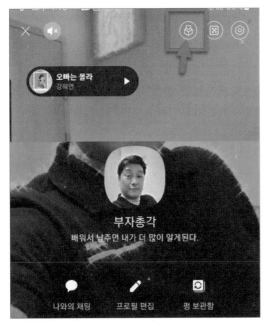

09 위시리스트가 표시되어 나오게 되는데, 여기서 **위시리스트** 목록 중 하나를 누른 후 **[선물하기]**를 눌러서 결제를 진행하면 됩니다.

10 선물 받은 친구는 ❶…**[더보기]**에서 ❷**[받은선물]**을 누르면 선물목록이 나오게 됩니다. 친구에게 이렇게 카카오톡으로 선물해 보세요.

01 그룹채팅할 때 단순하게 채팅하면 누구에게 보내는 것이 모를 때가 있는데, 이럴 때는 말풍선을 **왼쪽으로 플릭**해서 답장을 합니다.

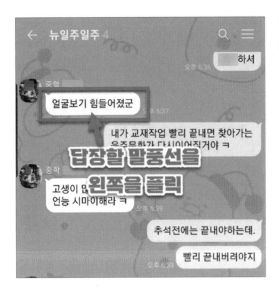
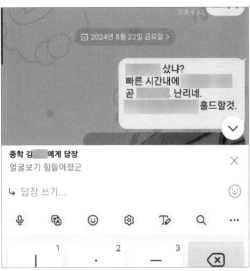

02 답장할 내용을 입력한 후 전송하고 살펴보면 어떤 말풍선에 대한 답장인지 파악이 됩니다. 다시 답장온 것을 **길게** 눌러봅니다.

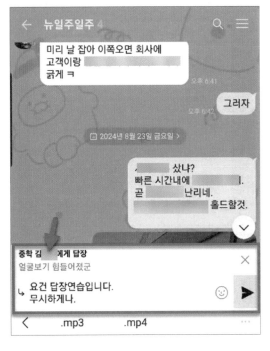

03 답장을 할 때는 이런 방식으로 답장을 할 수 있는데, 답장에 답장을 하게 되는 것입니다.

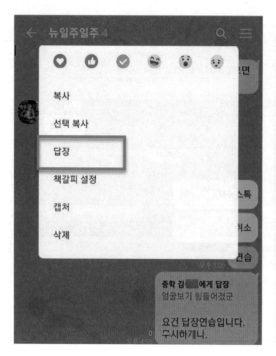 

04 가끔 영어 등 외국어로 말풍선이 올 때는 당황하지 말고, 길게 눌러서 **[번역]**을 사용해 보세요.

 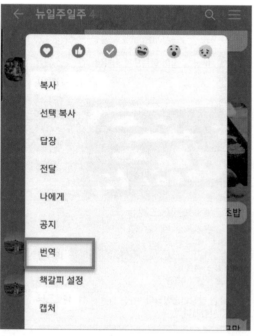

05 번역결과는 한글로 번역하여 보여주며, **[언어변경]**을 눌러 [중국어]로 변환하여 볼 수도 있습니다. 번역된 내용을 복사하기 위해 **[번역복사]**를 누릅니다.

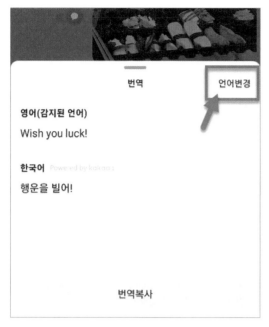

06 입력상자에 **길게** 누른 후 **[붙여넣기]**를 해서 전송해 보세요.

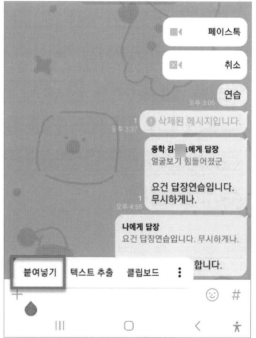

카카오페이 사용하기

카카오페이는 계좌번호를 몰라도 카카오톡 친구에게 편리하게 송금할 수 있는 모바일 결제 및 금융 서비스입니다. 카카오톡에서 카카오페이를 사용하면 별도로 앱을 설치하지 않아도 됩니다.

 결과화면 미리보기

준비할 내용
1. 카카오페이를 연결할 거래은행 정하기
2. 해당 은행 계좌에 입/출금이 되는지 확인
3. 계좌에 입금될 때 문자로 알림받기 신청하기

사용자 본인의 계좌인지 대포통장인지 확인하기 위하여 서비스를 제공하는 앱에서 1원을 송금하여 입금자가 누구인지 묻는 항목에 답을 해야 합니다. 통장정리를 할 수 없으면 문자메시지로 알림받기를 하면 편하게 확인할 수 있습니다.

무엇을 배울까?

❶ 카카오페이 등록하기
❷ 카카오페이 광고 전화 차단하기

❸ 카카오페이 계좌 지킴이

STEP 1 > 카카오페이 등록하기

01 14세 이상부터 이용할 수 있으며, 본인 명의의 스마트폰을 사용할 경우에 이용이 가능하고 가급적 최신버전으로 사용해야 합니다. 카카오톡 하단에 있는 …[더보기]를 누른 후 아래와 같이 [Pay]를 누릅니다.

02 약관에 ❶[전체 동의하기]를 체크한 후 ❷[동의하고 계속하기]를 누릅니다. 계속해서 본인의 **이메일과 집주소**를 입력합니다.

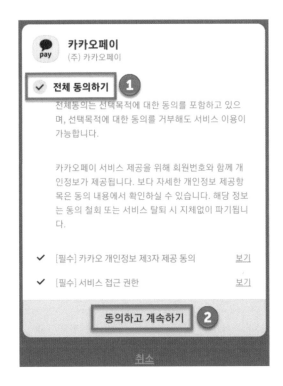

03 본인이 맞는지 확인하는 패턴 또는 지문인식을 하게 되면, 아래와 같은 **비밀번호 등록 6자리**를 **2회**에 걸쳐서 동일하게 입력합니다.

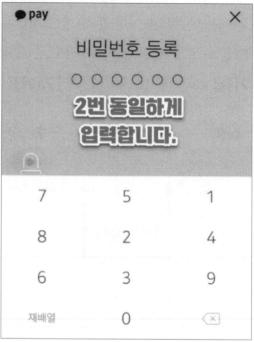

04 [충전]을 누르면 사용할 은행 계좌를 연결하도록 화면이 변경됩니다. **[은행계좌를 연결하세요]**를 누릅니다.

05 **[은행]**을 선택한 후 본인이 거래하는 **거래 은행**을 선택합니다. 본인의 통장만 사용할 수 있습니다.

06 **[계좌번호]**를 눌러서 ❶계좌번호를 입력한 후 ❷**[인증 요청]**을 누릅니다. 이 화면은 변경이 자주 되므로 잘 보면서 진행하세요.

07 통장에 입금자를 확인한 후 ❶칸에 **입력**하고 ❷[확인]을 누릅니다. 자동이체 출금동의를 하기 위해 **[인증 전화요청]**을 눌러줍니다.

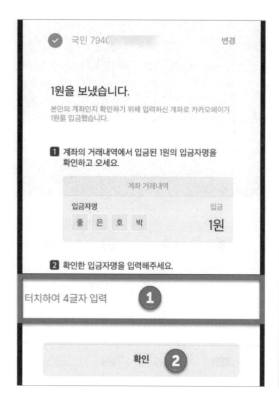

08 전화가 오면 받은 후 **[키패드]**를 눌러서 인증번호 2자리를 입력하면 자동으로 인증된 후 끊어집니다.

> **카카오페이 광고 전화 차단하기**

01 더 이상 광고 전화를 받기 싫다면 ⋯[더보기]에서 [Pay]를 누른 후 우측 상단의
≡[메뉴]를 누릅니다.

02 본인의 카카오페이 서비스가 나오는데 위로 플릭해서 아래로 찾아보면 [광고
전화 차단하기]를 찾아서 누릅니다.

03 서비스 신청을 하지 않았다면 아래와 같이 **[광고 전화 차단하기]**를 누른 후 **[모두 동의하고 시작]**을 누르면 광고 전화는 자동 차단됩니다.

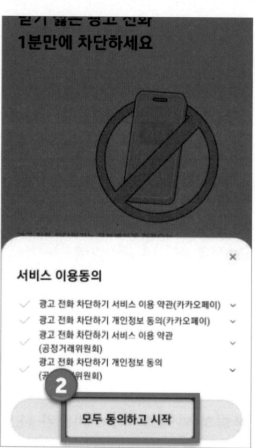

04 이미 광고 전화 차단하기를 이용하고 있다면 아래와 같이 나오게 되며, 친구에게 도 알려주기를 해 보세요.

01 카카오페이의 계좌 지킴이 서비스를 이용하고 싶다면 ···**[더보기]**에서 **[Pay]**를 누른 후 우측 상단의 ☰**[메뉴]**를 누릅니다.

02 본인의 카카오페이 서비스가 나오는데 위로 플릭해서 아래에서 **[계좌 지킴이]**를 찾아서 누릅니다.

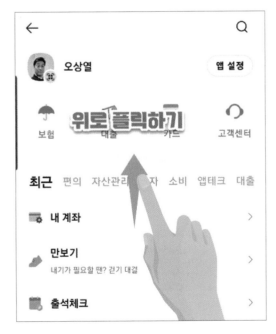

03 본인 인증과정을 **지문**이나 **비밀번호/패턴** 등으로 처리한 후, **[다른 계좌도 점검하기]**를 눌러서 본인 계좌를 모두 점검해봅니다.

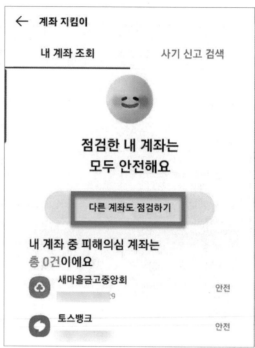

04 **[계속하기]**를 누르고 다시 화면을 보면 **[계속하기]**를 누르라고 나오게 되는데 인증하는 화면입니다.

05 [동의하고 계속하기]를 누르고, 다시 본인 인증과정을 지문, 비밀번호, 패턴 등으로 처리합니다.

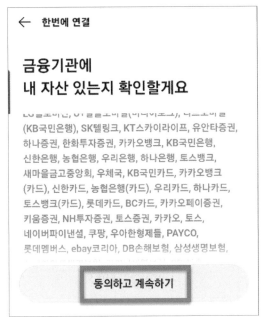
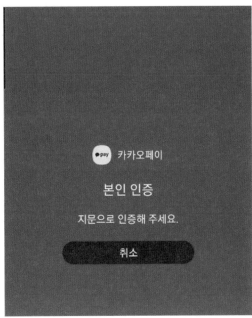

06 개인정보 수집 및 이용에 동의를 [동의하고 계속하기]를 한 후, 기다리면 금융자산 연결에 성공합니다.

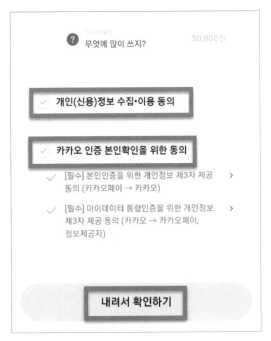

07 계좌 지킴이에서 ❶**[사기 신고 검색]**을 눌러서 ❷**계좌나 연락처**를 입력한 후 **검색**을 하고 **사기 신고가 없어요**가 나오면 **[송금하기]**를 해도 신고된 내역이 없으므로 그나마 안심할 수 있습니다.

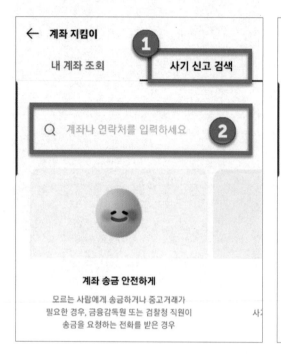
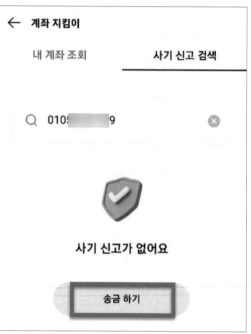

08 모르는 사람에게 송금할 때는 **연락처/ 계좌번호**로 확인한 후 송금하면 좀더 안전하게 이용할 수 있습니다.

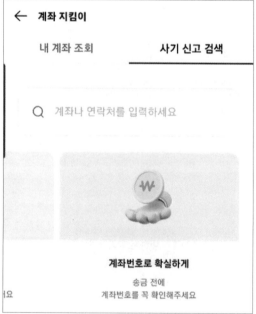

CHAPTER 08 멀티프로필/카카오톡 관리

카카오톡에서는 기본프로필 외에 추가로 최대 3개까지 서로 다른 멀티프로필을 만들 수 있습니다. 여기에서는 멀티프로필 활용 방법과 더불어 몇 가지 중요한 카카오톡 관리 방법에 대해 살펴 보겠습니다.

 결과화면 미리보기

카카오톡 멀티프로필의 장점

1. 여러 개의 계정을 만들 필요가 없다.
멀티프로필 기능을 사용하면 하나의 계정으로 여러 개의 프로필을 만들 수 있어, 여러 개의 계정을 만들 필요가 없다.

2. 다양한 상황에 따른 프로필 사용이 가능합니다.
멀티프로필 기능을 사용하면 여러 가지 목적에 따른 프로필을 만들 수 있다. 개인적인 용도로 사용하는 프로필과 업무용으로 사용하는 프로필을 구분할 수 있다.

3. 개인 정보 보호에 도움이 된다.
이 기능으로 자신의 프로필을 다른 사람에게 선택적으로 보여줄 수 있다.

 무엇을 배울까?

❶ 카카오톡 글자크기
❷ 멀티프로필 만들기
❸ 멀티프로필 친구관리
❹ 멀티프로필 친구추가/해제하기

❺ 멀티프로필 삭제하기
❻ 앱 저장공간 관리하기
❼ 모든 채팅방 미디어 삭제하기

01 아래는 채팅방에서 글자크기가 **15pt**와 **45pt**일 때의 차이입니다.

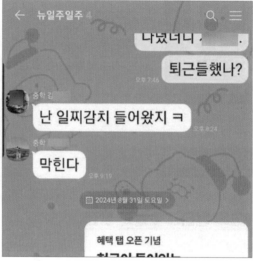

02 …[더보기]에서 우측 상단의 ⚙[설정]을 눌러서 카카오톡 설정창이 나오면 [화면]을 선택합니다.

03 [글자크기]를 눌러서 크기를 조절하는 슬라이더를 오른쪽으로 이동시켜줍니다.

04 좌측 상단의 [뒤로]를 여러 번 눌러서 채팅방 목록이 나올 때까지 이동합니다.
25pt로 조절했지만 카카오톡의 메뉴 글자는 크게 보이지 않습니다.

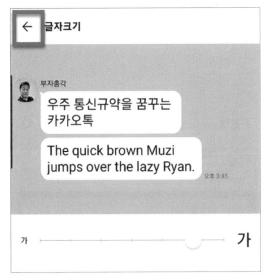

05 채팅방을 하나 선택하면 글자가 25pt로 커져 보이는 것을 알 수 있습니다. 다시 원래대로 글자크기를 **15pt로 변경**해 줍니다.

06 스마트폰 전체 글자크기를 변경하려면 알림 표시줄의 ⚙[설정]을 눌러서 **[디스 플레이]**를 선택합니다.

07 [글자 크기와 스타일]을 눌러서 슬라이더를 오른쪽으로 이동시킨 후 카카오톡 채팅방 목록을 살펴봅니다.

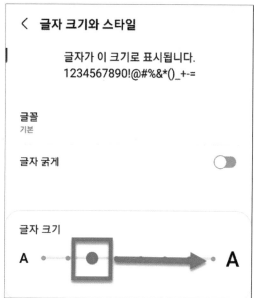

08 왼쪽은 기존 글자크기이지만 오른쪽은 글자크기를 크게 했을 때의 화면입니다. 필요에 따라 크기를 적당하게 조정해서 사용하세요.

멀티프로필은 기본프로필 외에 추가로 최대 3개까지 만들 수 있으며, 원하는 프로필 생성, 편집, 삭제를 할 수 있습니다.

01 카카오톡 ❶친구를 선택한 후 ❷[멀티프로필+]를 눌러서 대화명을 누릅니다.

02 변경하려는 ❶대화명을 입력한 후 ❷[확인]을 눌러 변경한 다음 ❸[카메라] 버튼을 눌러서 사진을 변경합니다.

03 먼저 [커스텀 프로필 만들기]를 눌러서 **텍스트 입력**을 누릅니다. 여기에서는 이모 티콘도 사용이 가능합니다.

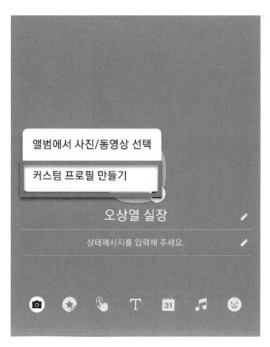

04 ❶메시지를 입력한 후 ❷[확인]을 누르면 프로필이 만들어 집니다. 만약 갤러리 사진으로 프로필 변경하고 싶다면 [카메라] 버튼을 누릅니다.

05 [앨범에서 사진/동영상 선택]을 누르면 갤러리가 보이게 됩니다. 프로필로 사용할 **이미지를 선택**합니다.

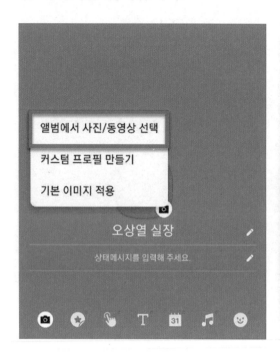

06 이미지가 크게 보이면 하단의 도구를 이용해서 꾸밀 수도 있습니다. 우측 상단의 **[확인]**을 누른 다음 프로필을 확인한 후 **[완료]**를 누릅니다.

01 멀티프로필 화면에서 [친구 관리]를 누른 후 [지정친구 추가]를 누릅니다.

02 현재 프로필에 ❶추가할 친구들을 선택한 후 ❷[확인]을 누릅니다. 지금 선택한 친구들에게는 앞에서 지정한 프로필 사진이 보이게 됩니다.

03 더 이상 추가할 친구가 없으면 좌측 상단의 **[뒤로]**를 눌러서 프로필 친구 관리를 빠져나간 후 **[닫기]**를 누릅니다.

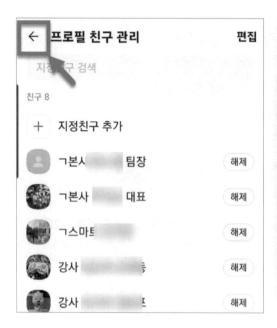

04 프로필 우측에 **멀티프로필**이 생성되었으며, 이곳을 누르면 만들어진 멀티프로필이 보입니다. 멀티프로필은 3개까지 만들 수 있습니다.

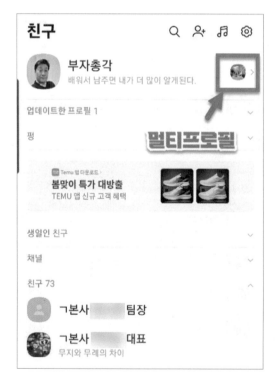

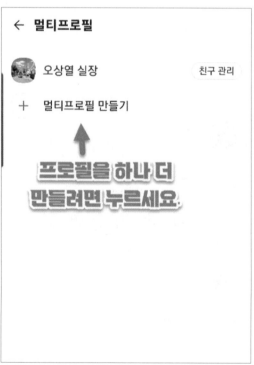

STEP 4 > 멀티프로필 친구 추가/해제하기

01 친구를 추가하려면 **[멀티프로필]** 버튼을 누른 후, **[친구 관리]**를 선택합니다.

02 **[지정친구 추가]**를 눌러서 추가할 친구 선택 화면이 나오면, **①추가할 친구**를 선택한 후 우측 상단의 **②[확인]**을 누릅니다.

03 프로필 친구 관리에서 **[해제]** 버튼을 누르면 해제할 수 있는데, 여러 명을 한번에 해제하고 싶다면 **❶[편집]** 버튼을 누른 다음 **❷해제할 친구**를 선택하고 **❸[해제]** 를 누릅니다.

04 지정친구 해제 대화상자에서 **[확인]**을 누르면 프로필 친구 관리화면에서 사라진 것을 확인할 수 있습니다. **[뒤로]**를 눌러 빠져 나갑니다.

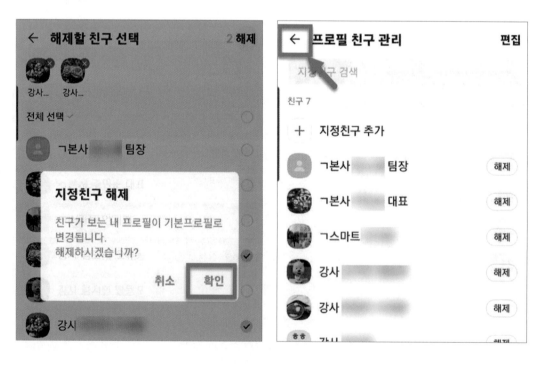

> **멀티프로필 삭제하기**

01 멀티프로필을 제거하려면 친구 목록에서 ❶[**멀티프로필**] 버튼을 누른 후 제거할
❷[**멀티프로필**]을 누릅니다.

02 우측 상단의 ⚙[**설정**]을 눌러서 **멀티프로필 관리** 화면이 나오면 가장 아래에 있
는 [**멀티프로필 삭제**]를 누릅니다.

03 멀티프로필 삭제 대화상자에 경고 문구를 읽어본 후 [**확인**]을 누르면 멀티프로필이 삭제가 됩니다.

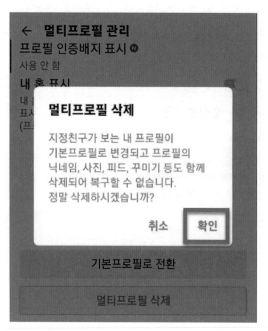 

04 아래는 멀티프로필이 2개일 때와 3개였을 때의 화면으로, 3개를 사용하면 더 이상 생성할 수 없는 것을 알 수 있습니다.

01 미디어를 많이 주고 받는 채팅방은 **저장공간 관리**를 해야 합니다. **[채팅방]**을 선택한 후 우측 상단의 ☰**[메뉴]**를 누릅니다.

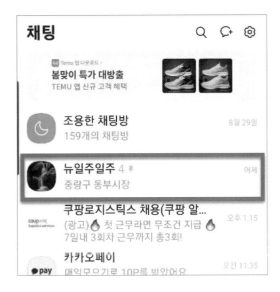

02 우측 하단의 ⚙**[설정]**을 눌러서 **[채팅방 데이터 관리]**를 누르면 미디어를 주고받은 항목의 크기를 확인할 수 있습니다.

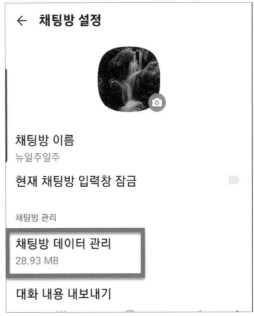

03 [미디어 데이터 모두 삭제]를 눌러서 오래된 데이터가 표시되지 않는 것까지 모두 [삭제]를 합니다.

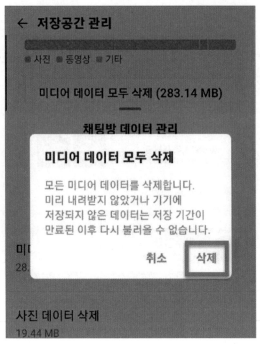

04 미디어 데이터 모두 **0MB**로 캐시가 지워졌으며, 스마트폰 하단의 [뒤로]를 눌러서 지워진 것을 확인하고 **채팅방 설정**을 빠져 나갑니다.

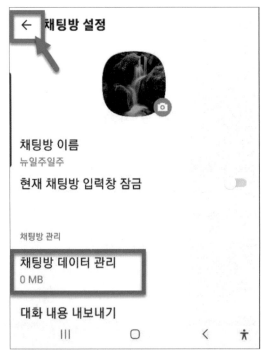

05 채팅방에서 주고받은 대화는 남아있으며, 미디어도 남아있습니다. 테스트를 위해 썸네일을 눌러서 사진을 크게 본 후 **[뒤로]**를 눌러 나옵니다.

06 우측 상단의 ☰**[메뉴]**를 누른 후 우측 하단의 ⚙**[설정]**을 눌러서 **[채팅방 데이터 관리]**를 누르면 캐시가 늘어난 것이 확인됩니다.

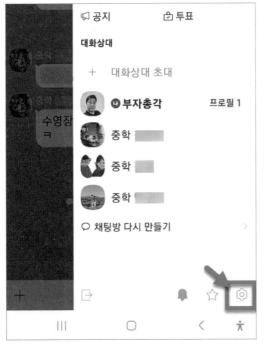 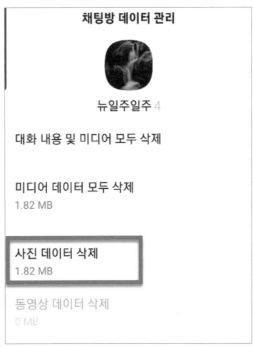

01 ❶···[더보기]를 눌러서 ❷⚙[설정]을 누른 후 화면을 위로 플릭해서 가장 아래로 이동시킵니다.

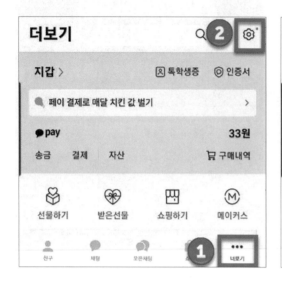

02 가장 아래에 있는 **[앱 관리]**를 누르면 카카오톡 버전도 표시가 되는데, 여기에서 **[저장공간 관리]**를 누릅니다.

03 항목별 캐시데이터 비율이 표시된 화면에서 **[미디어 데이터 모두 삭제]**를 눌러서
❶체크한 후 ❷**[삭제]**를 누릅니다.

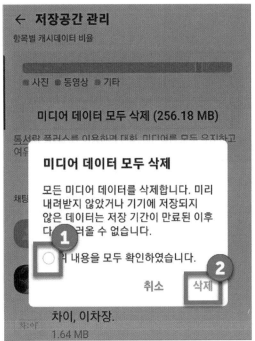

04 저장공간 관리에 모두 삭제가 되어 깨끗하게 된 것을 알 수 있습니다. **[뒤로]**를
눌러서 앱 관리 화면을 빠져 나갑니다.

카카오맵과 지하철

카카오맵은 카카오의 지도 서비스로 네이버 지도보다 2년 먼저 한국 최초의 로드뷰 서비스를 내놓았습니다(2008년). 여기에서는 카카오맵을 이용하여 길을 찾거나 지하철을 이용하는 방법 등에 대해 살펴 보겠습니다.

결과화면 미리보기

무엇을
배울까?

❶ 카카오맵 길찾기
❷ 카카오맵 현위치
❸ 집/회사 등록하기

❹ 교통상황 살펴보기
❺ 로드뷰로 그리운 고향 둘러보기
❻ 카카오 지하철 이용하기

STEP **1** > **카카오맵 길찾기**

01 카카오맵을 실행한 후 상단 검색상자에 ❶**"성북구청"**을 입력한 다음 목록으로 표시된 것 중 ❷**[성북구청]**을 선택합니다.

02 검색된 화면 우측 하단의 **[도착]**을 누르면 스마트폰의 현재 위치에서 도착지까지 경로가 나옵니다. 상단에 있는 **[대중교통]**을 선택합니다.

03 대중교통 목록에서 하나를 선택하면 도착 예정시간, 승차/하차 위치 등이 상세하게 표시되며, 우측 상단의 **종모양**을 눌러 [알림]을 켭니다.

04 알림 허용 대화상자에서 [알림 허용]을 눌러서 허용할 것인지 묻는 상자에서 [허용]을 누르면 다음부터는 물어보지 않게 됩니다.

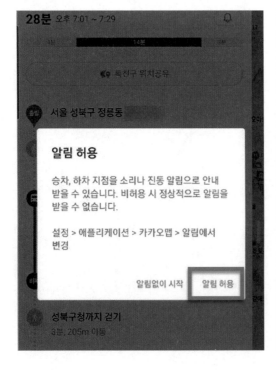
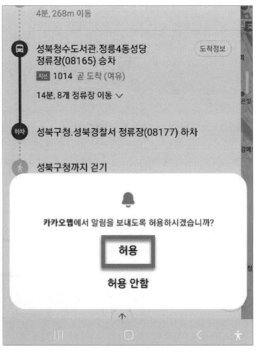

05 알람을 사용하기 위해서 **[절전모드]**를 꺼야 한다는 안내창에서 **[닫기]**를 누르고 우측 상단의 **[닫기]**를 누릅니다.

06 카카오맵 화면 오른쪽에 알림을 표시하는 **종모양**을 눌러서 확인할 수 있습니다. 스마트폰의 잠김화면에서도 알람이 울리도록 되어 있습니다.

01 카카오맵의 지도를 드래그해서 이동한 후, 우측 하단의 **[현위치]** 버튼을 누르면 스마트폰이 있는 위치가 나오는데 **한 번 더** 눌러주세요.

02 몸을 동서남북으로 이동하면 스마트폰 **자이로스코프 센서**로 인하여 지도가 빙빙 돌게 됩니다. 어느 방향을 보고 있는지 확인해 보세요.

03 지도를 이동시키면 현위치가 흐린색으로 변하며, 지도 위에 **두 손가락으로 위로** 밀어 올리면 3차원 지도가 표시됩니다.

04 지도와 목록사이의 경계를 **아래로 플릭(드래그)**하면 지도를 넓게 볼 수 있으며, 하단 도구에서 [**주변**]을 눌러 보세요.

05 주변의 맛집과 카페등 유명한 장소가 목록으로 나오며, 경계선을 **위로 플릭**하면 더 많은 목록이 표시됩니다. 도구에서 **[홈]**을 누릅니다.

06 **[현위치]**를 누르면 언제든지 스마트폰이 있는 위치로 이동됩니다. 컴퓨터에서 카카오맵을 이용할 때는 GPS 센서가 없기 때문에 통신기지국 근처가 나옵니다.

01 카카오맵 홈 화면에서 **[집]** 모양을 누른 후, **❶이용 동의에 체크**하고 **❷[확인]**을 누릅니다.

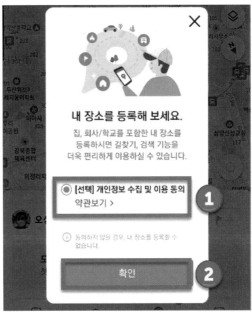

02 지금 집에 있는 경우 **[현위치]**를 누르면 **바로 등록**이 되며, 밖일 때는 [지도에서 선택]을 해야 합니다.

03 지금 집에 없고 밖일 경우에는 **[지도에서 선택]**을 눌러서 작업을 따라하면 됩니다.

04 집이 있는 위치로 드래그를 해서 ❶**집이 있는 곳**에 파란 위치 아이콘을 올려놓은 후 우측 하단의 ❷**[집으로]** 버튼을 누릅니다.

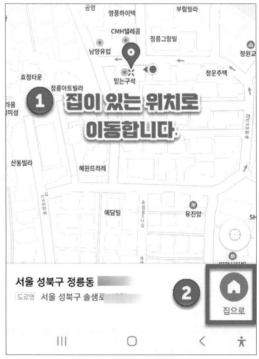

05 이번에는 **[회사/학교]** 버튼을 누른 다음 ❶**[학교]**를 선택한 후 ❷**[확인]**을 누릅니다.

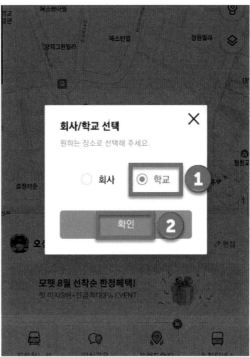

06 **[지도에서 선택]**을 눌러서 지도가 나오면 이동을 빠르게 하기 위하여 지도를 축소합니다.

07 지도를 확대해서 ❶위치를 정한 후 ❷[학교로]를 누르면 등록을 마치게 됩니다. 다른 곳을 등록하거나 수정하려면 [편집]을 누릅니다.

08 [장소를 추가해 보세요]를 눌러서 등록할 ❶"팔각도"를 입력한 후, 검색된 목록에서 ❷장소를 선택합니다.

09 하단에 표시된 **[완료]**를 눌러서 끝낸 후, **[선택안함]**을 눌러 이동수단을 선택합니다.

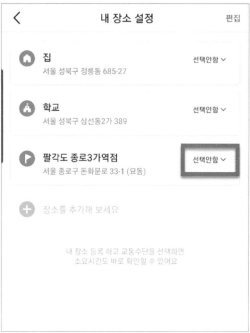

10 **[대중교통]**을 선택한 후 우측 상단의 **[편집]**을 눌러서 카카오맵 SNS 화면으로 이동합니다.

11 등록된 장소를 삭제하기 위해 **[X]**를 눌러서 **[삭제]**를 누르면 목록에서 장소가 사라집니다.

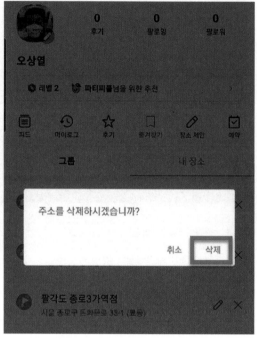

12 카카오맵 SNS 화면에서 **[뒤로]**를 눌러서 빠져 나가면 카카오맵 홈 화면이 보이고, 즐겨찾기에 등록된 위치들을 확인할 수 있습니다.

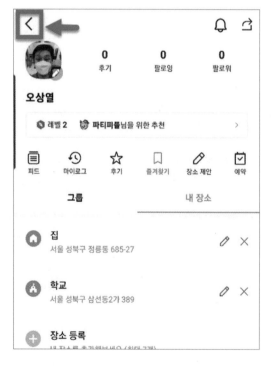

01 카카오맵의 오른쪽 도구에서 **[테마/레이어]**를 누른 후 **[교통정보]**를 누릅니다.

02 경계선을 아래로 플릭해서 내려준 후, **지도를 축소**하면 현재 교통상황이 보이게 됩니다(공사/사고/도로 소통상황).

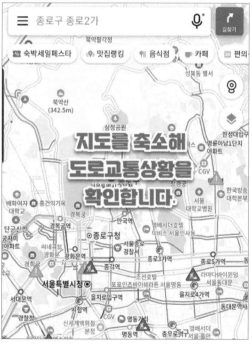

03 오른쪽 도구에서 **[테마/레이어]**를 누른 다음 **[교통상황]**을 눌러 해제한 후 **[CCTV]**를 선택합니다.

04 지도를 확대하면 주요 도로에 CCTV가 표시되어 나타납니다. 한남대교 아래에 **서초 IC** 부근의 CCTV를 눌러 표시되는 **[서초>]**를 누릅니다.

05 현재 실시간으로 보이고 있는 것은 국토교통부, 경찰청, 한국도로공사 등에서 제공하는 영상입니다. **[뒤로]**를 눌러 다른 지역을 눌러 보세요.

06 고속도로, 국도 등을 실시간으로 살펴볼 수 있습니다. **[뒤로]**를 눌러서 CCTV를 해제합니다.

01 카카오맵을 실행한 후 검색상자에 ❶"지정면 간현로162번길 17-3"으로 입력하고 ❷[검색]을 누릅니다.

02 우측의 **로드뷰** 버튼을 누르면 길가에 파란색 길이 표시가 되며, **[로드뷰 보기>]**를 누르면 촬영된 사진으로 도로에 표시됩니다.

03 위쪽에는 주소의 사진이 방향과 표시되며, 아래는 로드뷰가 지도로 표시됩니다. [방향] 표시를 누르거나 지도를 당겨서 이동합니다.

 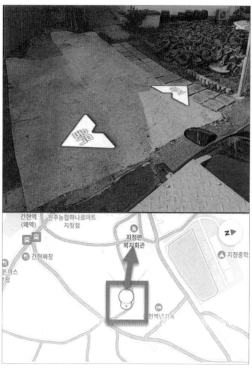

04 상단에 **촬영한 날짜**가 보이는데 눌러서 다른 날짜를 선택하면 촬영된 날짜의 로드뷰가 사진으로 보이게 됩니다.

 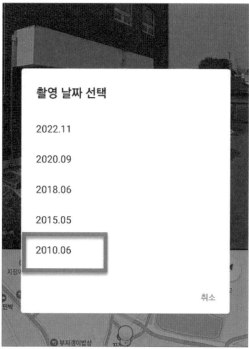

05 좌측 상단의 **[뒤로]**를 눌러서 로드뷰 보기를 빠져 나간 후, 보고 싶은 장소를 드래그해서 **로드뷰** 아이콘에 위치시킵니다.

06 **[로드뷰 보기>]** 버튼을 누르면 해당 지역의 사진이 아래와 같이 다시 보이게 됩니다. 방향을 눌러서 둘러보세요.

 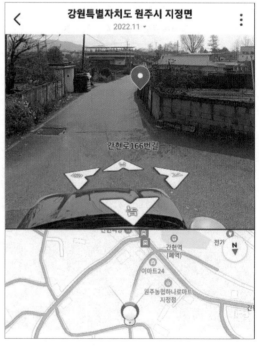

01 **Play 스토어**에서 **"카카오지하철"**을 설치한 후 **[열기]**를 누릅니다.

02 카카오 지하철을 처음 실행할 경우 알림에 대한 **[허용]**을 누른 후, **[카카오계정으로 로그인]**이나 **[시작하기]**를 누르면 카카오 지하철이 실행됩니다.

03 지하철 지도가 나오면 상하좌우로 이동해서 성북구에 위치한 6호선 **[고려대]**역을 찾아서 누릅니다.

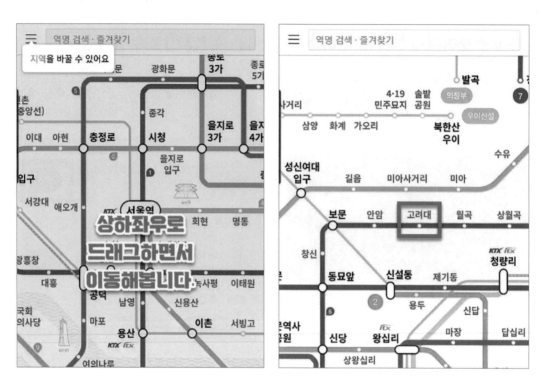

04 **[출발]**로 선택한 후 다시 지하철 지도를 이동한 다음 구로구에 위치한 7호선 **[남구로]**역을 선택합니다.

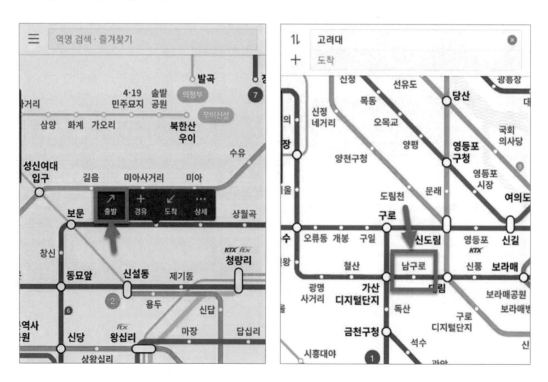

05 [도착]을 누르면 지하철 노선에서 운행방법이 오른쪽 화면처럼 나타납니다. 지도를 위로 플릭해서 아래쪽으로 이동합니다.

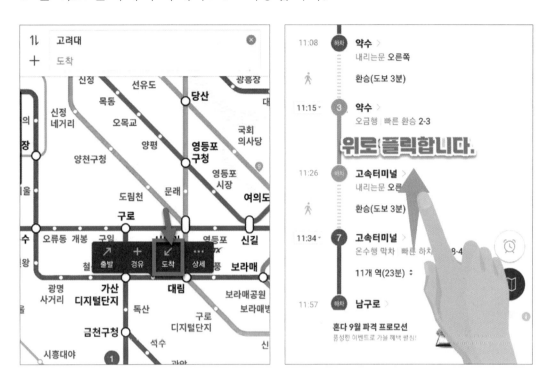

06 [톡 공유]를 눌러 도착 시간이 표시되면 [도착 시간 공유하기]를 누릅니다.

 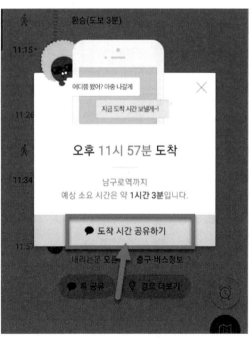

07 공유할 **❶친구**를 선택한 후 우측 상단의 **❷[확인]**을 누르면, 카카오톡 채팅방에 공유됩니다. **[친구 위치 확인하기]**를 눌러보세요.

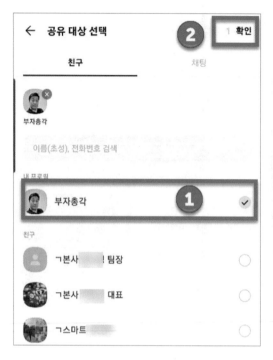
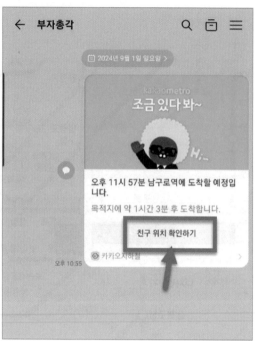

08 출발시간이 표시가 되며 언제 도착할지 미리 알아서 마중을 나갈 수 있습니다. 하단의 **[카카오지하철 시작하기]**를 눌러봅니다.

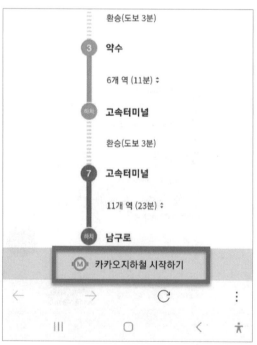

09 **[알람]** 버튼을 누르면 위치를 기반으로 갈아탈 곳과 내려야 할 곳이 다가오면 미리 알람으로 알려줍니다. **[승인]**을 누릅니다.

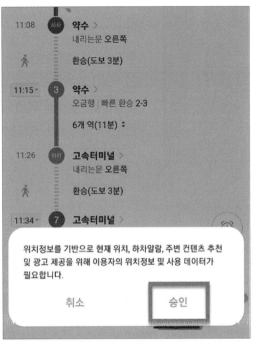

10 **[앱 사용 중에만 허용]**을 선택한 후, 상단에 표시된 알람 예정에 알람이 울리므로 졸다가 환승역을 지나는 일을 막을 수 있습니다.

CHAPTER 10

카카오T와 택시호출

카카오T를 실행하면 권한설정을 할 것인지 대화상자가 열리는데 [앱 사용중에만 허용] 또는 [허용]을 눌러줘야 하며, 알림 역시 [허용]을 해야만 합니다. [허용안함]을 누르게 되면 [설정]▶[애플리케이션]에서 카카오T를 선택한 후, [권한]에서 허용하는 것으로 변경해주면 됩니다.

🔍 결과화면 미리보기

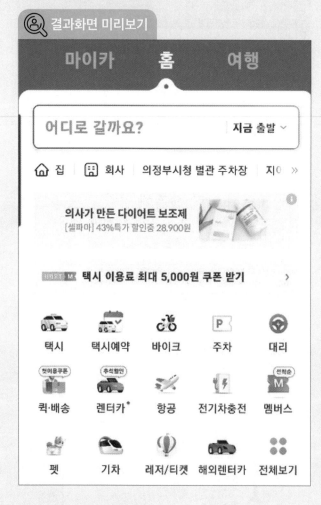

무엇을 배울까?

❶ 택시 호출하기
❷ 기차표 예매하기

01 [카카오T]를 실행하면 오른쪽 화면이 나오게 됩니다. [어디로 갈까요?]를 누르거나 [택시]를 누릅니다.

02 출발지는 현위치로 표시가 되는데 집 앞까지 올 수 없는 곳은 지도를 움직여서 택시를 탈 수 있는 ❶출발지로 이동시킨 후 ❷[출발지로 설정]을 누른 다음 **도착지를 입력**합니다.

03 택시종류가 나오고 원하는 운송택시를 선택하면, 오른쪽 화면과 같이 ❶[일반호출]을 눌러 택시종류를 변경할 수 있고, ❷[결제수단]을 선택합니다. 여기에서는 연습이므로 실제 택시를 부를 때 ❸[호출하기]를 누릅니다.

택시 예약하기

04 [지금 출발]을 눌러서 오른쪽 화면과 같이 원하는 시간대에 택시를 예약을 할 수 있습니다.

05 [도착지 검색] 상자에 장소를 입력해서 검색한 후, **미리 예약하기**의 **[택시(벤티)]**
를 선택합니다.

06 하단에 **[카카오T 예약하기]**를 누른 후 나타나는 화면에서 위로 플릭하여 아래 내
용이 보이도록 합니다.

07 화면을 계속해서 아래로 이동시켜서 **[20,100원 벤티 예약하기]** 버튼을 누르면 됩니다. 필요하다면 결제 정보를 변경할 수도 있습니다.

08 여기에서는 연습이므로 결제를 하지 않고 좌측 상단에 있는 **[뒤로]**를 눌러서 예약을 취소합니다.

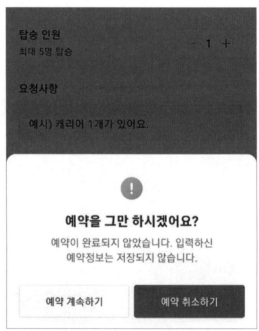

01 카카오T를 실행한 후 홈 화면에서 **[기차]**를 누른 다음 **[어디로 떠나시나요?]**를 누릅니다.

02 "죽녹원"을 입력한 후 검색을 하고 하단의 검색 목록에서 **[죽녹원]**을 선택합니다. 도착 지역은 본인이 원하는 지역을 검색해서 선택해서 연습해도 됩니다.

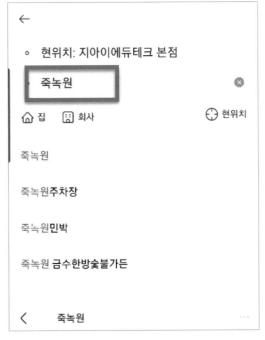

03 집에서부터 도착지까지의 시간이 모두 표시되었는데, 여기서 항공편을 선택할 수도 있습니다. 예매하려는 **날짜와 시간**을 선택한 후 **[선택 완료]**합니다.

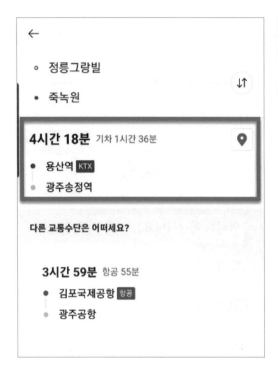

04 기차 예매 목록에서 매진된 곳은 선택할 수 없으므로 남은 좌석이 있는 시간을 선택한 후 인원을 변경하고 **[바로 결제]**를 누릅니다.

05 결제 수단을 눌러서 결제할 방법에서 카드를 선택한 후 **[적용하기]**를 누릅니다.

06 약관 동의에서 **[전체 동의하기]**를 누른 후 **[결제하기]**를 누르면 기차표 예매가 끝
나며, **[뒤로]** 버튼을 누르면 결제를 그만둘 수 있습니다.

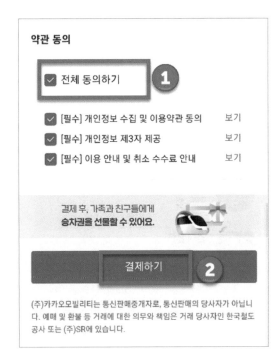
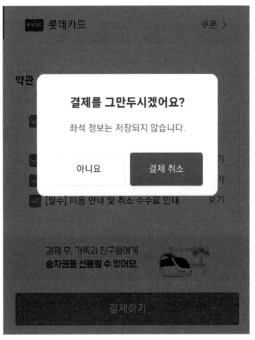

인스타그램 맛보기

인스타그램은 이미지나 영상으로 소식을 주고받는 플랫폼으로, 누구나 쉽게 사용할 수 있어 세계에서 가장 많이 사용하는 SNS입니다. 유행하는 밈(Meme) 및 챌린지 등으로 인기가 많은 인스타그램을 소개합니다.

🔍 **결과화면 미리보기**

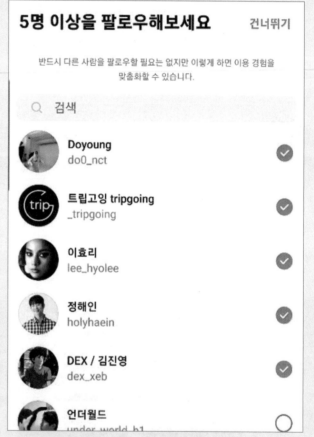

무엇을 배울까?

❶ 인스타그램 가입하기
❷ 공유해서 피드하기

01 인스타그램을 설치한 후 **[열기]**를 하거나 실행을 해서 **[새 계정 만들기]**를 누릅니다. 가입이 되어 있는 경우에는 **다른 계정으로 로그인**을 누릅니다.

02 **이메일 주소로 가입하기**를 선택한 후 해당하는 ❶이메일 주소를 입력한 후 ❷**[다음]**을 누릅니다.

03 인증 코드 입력 창이 나오면 홈 버튼을 눌러서 Gmail 앱을 찾아 열어줍니다.

04 Instagram에서 본인 확인을 위해 보내온 숫자 6자리를 확인한 후 펜으로 적어둡니다.

 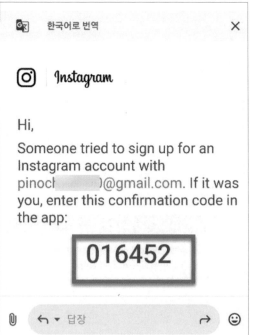

05 좌측 하단의 **[최근 실행 앱]** 버튼을 누른 후 **인스타그램**을 선택해서 활성화합니다.

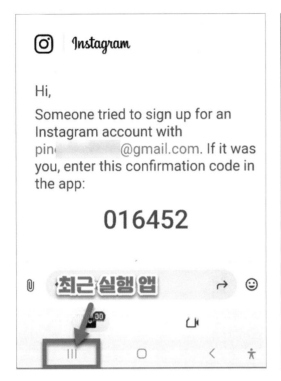

06 ❶**인증코드를 입력**한 후 ❷**[다음]**을 누른 다음 ❸**비밀번호**를 만들어준 후 ❹**[다음]**을 누릅니다.

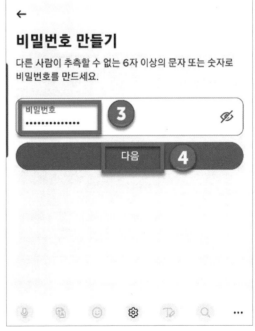

07 로그인 정보를 저장하려면 **[저장]**을 누르고, 생일을 회전시켜서 맞춰준 후 **[설정]**을 누릅니다.

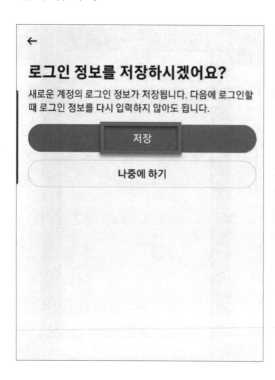 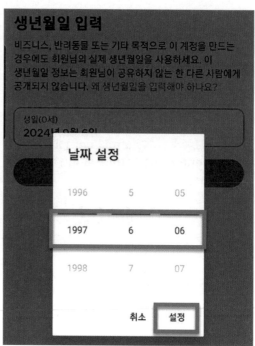

08 생년월입 입력이 끝났으면 **[다음]**을 누른 후 ❶**[성명]**을 입력하고 ❷**[다음]**을 차례대로 누릅니다.

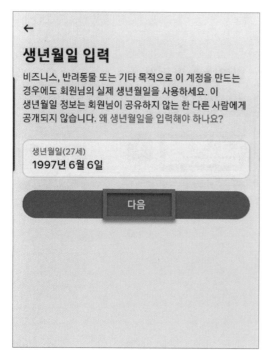 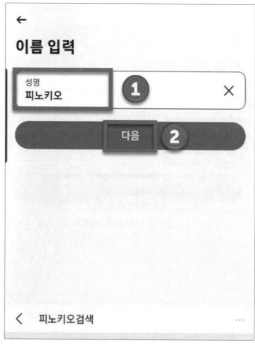

09 **사용자 이름 만들기**에는 이미 입력되어 있으므로 **[다음]**을 누르고, 약관 및 정책에 **모두 동의를 체크**한 후 **[동의]**를 누릅니다.

10 프로필 사진 추가를 위해 **[사진 추가]**를 누르고 **[갤러리에서 선택]**을 차례대로 누릅니다.

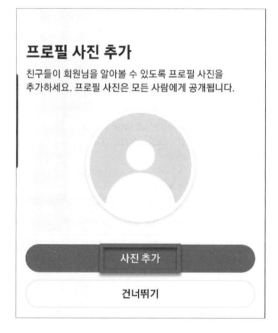
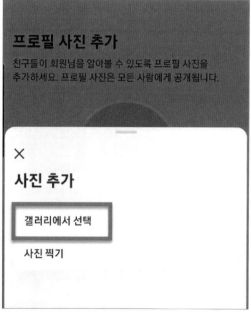

11 사진과 동영상에 액세스를 [허용]을 눌러서 프로필로 정할 사진을 선택합니다.

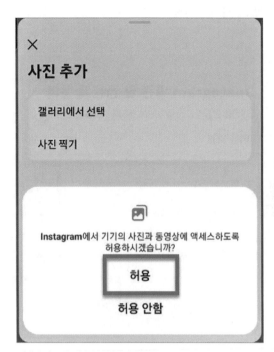

12 사진이 추가되었으면 [완료]를 누르고, 다시 개인정보 수집 및 이용에 **모두 동의**를 켜준 후 [동의함]을 누릅니다.

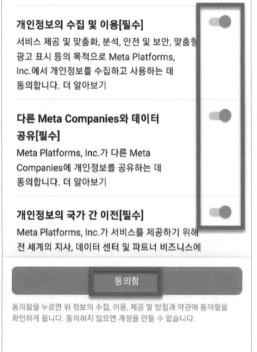

13 완료되었다는 창이 나오면 **[닫기]**를 누르고 추천받기 등 지금부터 나오는 창에서 **[건너뛰기]**를 계속해서 누릅니다.

14 마지막 **알림 설정**이 나오는데 **[건너뛰기]**를 누르면 오른쪽 화면과 같이 드디어 인스타그램 홈 화면이 나오고 친구를 추천하고 있습니다.

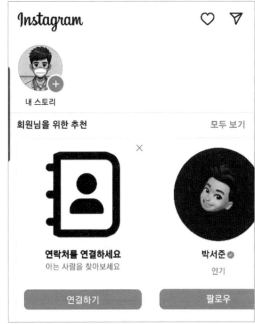

01 **[갤러리]** 앱을 실행한 후 인스타그램에 올릴 사진을 선택합니다.

02 사진을 선택하고 하단에 있는 **◁[공유]**를 눌러 Instagram 앱을 선택하면 되는데, 처음에는 보이지 않으므로 끝에 있는 **⋯[더보기]**를 눌러서 찾아야 합니다.

03 Instagram을 선택하여 **[Feed]**를 누릅니다. 피드(Feed)는 게시하는 것이고, 스토리(Stories)는 24시간 지속되는 짧은 추억을 남기는 기능입니다.

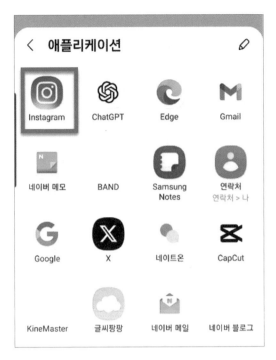
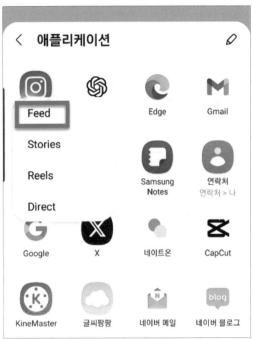

04 우측 상단의 **[다음]**을 누르면 이미지를 편집할 수 있는 화면이 나오는데, 꾸미지 않고 올리려면 우측 하단의 **[다음→]**을 누릅니다.

05 게시물 공유에 대한 설명이 나오면 **[확인]**을 누른 다음, ❶게시물에 대한 짧은 설명을 입력하고 ❷**[공유]**를 누릅니다.

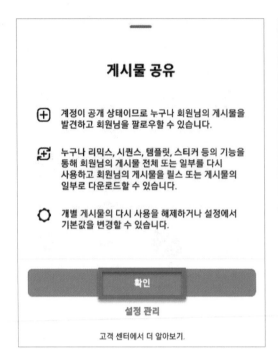

06 Facebook에 공유할 필요가 없으니 **[나중에 하기]**를 누릅니다. 이제 인스타그램에 사진이 올려진 것을 확인할 수 있습니다.